シリーズ

あたりまえのぜひたく。

—いくら 塩鮭 ぜひたく親子丼。—

きくち正太

幻冬舎
コミックス

あたりまえのぜひたく。
―いくら 塩鮭 ぜひたく親子丼。―

目次

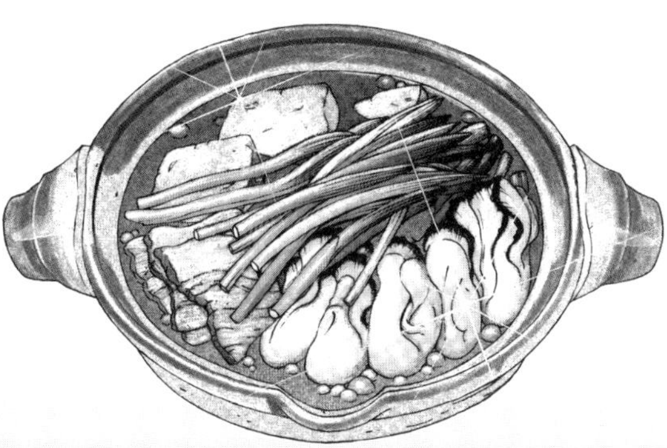

◎カバーイラスト・デザイン
きくち正太
◎装丁
西野直樹デザインスタジオ
◎担当編集
高松千比己（幻冬舎コミックス）

銀座仕込み?! きくち家のハンバーグ。

第四十話

レストランの厨房《ちゅうぼう》でバイト
きくちさんが
ずっ
しかも
ザギン（銀座）!!?
業界か
東京《とうきょう》出てきて間《ま》もない頃の話
10代、学生

銀座《ぎんざ》といっても最寄り駅は有楽町《ゆうらくちょう》
♪
マリオンができる前、日劇《にちげき》なんかもまだあったっけ
昭和《しょうわ》だわーー
へえ〜
じゃあ、そこがきくちさんの料理の基礎ですかーー
意外っスねーー きくちさんがレストラン洋食だなんてーー
うん
皿洗いに始まって野菜の皮むき、キャベツの千切り 料理の下拵《したごしら》え盛りつけ
マヨネーズも作ったし、ホワイトソースにデミグラスソースも手伝ったっけ
デミグラスソース作れるんス!!? きくちさん
美味《おい》しいのよ、それで仕上げるビーフシチュー
スパゲッティ、ピラフ、とんかつ、エビフライにピザ
ステーキも焼いたし、でも一番やったのは
ハンバーグかな
ぴくり

今とっても素敵なしらべが聞こえてきました
一番やったのは
ハンバーグ
それです!!
単行本も5巻目に突入——記念すべき、その1話目はきくち家のハンバーグ
お願いします!!!
んじゃあ、久しぶりにやってみるかな
題《だい》して ザギンしーめ《（飯）》、ちーきく《（きくち）》家のハンバーグ!!
ひくわー
急にやる気が失《う》せてきた
よおおし
それでは始めましょう、本日は牛豚合いびき肉600g!!

ひき肉600gってけっこうな量になるんじゃないス?
余ったら家族、スタッフの分、ハンバーグのタネは作り置きもきくし
玉ネギのみじん切りもハンパじゃないスね、量が
これ全部ハンバーグに入るんス!?
ソース用も一緒だから
デミグラスソースですね!?
それやり始めるとマンガ終わんねーぞ、時間がかかりすぎて
どれくらい?
1週間
じゃあいいっス
リクエストが多かったらやってもいいけど
今回はデミグラスではなくて、それでも洋食屋さんぽくトマトソースハンバーグ!!
では参ろう
トマトソースハンバーグ、材料から
牛豚合いびき肉600g、玉ネギ5ヶ分のみじん切り、卵2ヶ、パン粉カップ1/3は牛乳にひたして、ニンニク、生姜《しょうが》、塩、コショウ
ナツメグ、あればクミン、パプリカ、サラダ油、醤油、赤ワイン、トマト缶2ヶ、トマトピューレ、生トマト2ヶ
付け合わせに人参、インゲン、ジャガイモ等々《などなど》お好きに
ホールト
○○牛乳
パン粉
塩
しょうゆ
赤ワイン
サラダOIL
クミン
ナツメグ

ざば
鍋を火にかけバターにサラダ油
じゅうう…
火は中火で玉ネギを炒めます
じゅうう
徐々に弱火に落として
15分くらい炒めたところでカップに1杯分けまして
フライパンで飴色《アメ》になるまで炒めます
これがハンバーグ用
じゅうう
次に皮を剥《む》いて大ぶりに切った人参を
最初の玉ネギの鍋に入れて
ひたひたに水を入れて
ローリエの葉を2枚ほど
人参が柔らかくなるまで煮詰めます
フライパンで飴色まで炒めた玉ネギは
バットにあけて冷まします
で、先程の人参の鍋にトマトピューレ1本

トマト缶 2ヶを ザルにあけて
これは 柔らかいので ヘラで漉《こ》します
うりゃ うりゃあ
お次は 生トマト
ヘタを取って 適当な大きさに 切って
これは少々 手強《てごわ》いので 手で
うりゃあ わしわし わしわし
そしたら味付け、塩コショウ、醤油に赤ワイン
少々煮詰めて いくので味は 控え目に
へえええ
本格的なトマト ソースもこうして 見てると
自分でも できそう
ぐつ
ぐつ
料理って とにかく自分で やってみること よね
さてっ
それでは
ぱん
よっ
いよいよですね、ザギン仕込み

別に銀座のレストランでハンバーグこねてたからっていってても
特別なことはこれっぽちも無くて
最初に赤ワインカップに3分の1、塩ふたつまみ、醤油大さじ1
軽くかきまぜてひと呼吸おく
そしたらすりおろしたニンニク、生姜
生卵2ヶ、牛乳にひたしたパン粉、順番は適当、どんどん入れてっちゃう
ナツメグにクミン、パプリカ、黒コショウ
スパイス全部入れて
パプリカ
あとは手早く、ひたすら
こねるこねるこねるーー!!
むぎゅ むぎゅ
むぎゅ むぎゅ
特別なことは無いけど、ハンバーグの材料は基本全部
パプリカ
冷蔵庫で冷やしたのを使うっていうことかねえ
それが温《ぬる》まないうちにこね終える
夏場はまだいいけど、冬の朝ハンバーグの仕込みは頭痛がするほど冷たくて寒い涙涙《なみだなみだ》の作業でしたーー!!
くくくく

タネに粘りが出てきて手にまとわりつくようになったら
これは完了
そしたらバットに油を引いて
手に油をつけて
好みの大きさに丸めて
バットに並べて
ハンバーグの仕込み終了
次は焼き
フライパンに油を引いて、火は強火
タネを両手でキャッチボール
こうして空気を抜く
ぱんぱんぱん
手のひらで広げて
フライパンにのせて真中《まんなか》を窪《くぼ》ませる
1〜2分で焼き目がついたら
ウラっ返す
よっ
たまらんですねー
ハンバーグのこの色ーー!!

フタをして 4、5分、火は弱火
ハンバーグに火が通ったかどうかは
竹串で
出てくる肉汁《にくじゅう》が透明なら大丈夫
そしたらトマトソースの鍋に
ハンバーグの肉汁ごと
ぶち込む!!
えっ?!
ソースをかけるんじゃないんスか!?
そう
うちでトマトソースのハンバーグといったら
煮込みハンバーグ♡

ごまし
じゅう
付け合わせは
トマトソースで
煮込んだ人参
茹でインゲン、
ポテトの素揚げ、
スパゲッティ
ホットガルニ
(温《あたた》かい付け合わせ)は
銀座のレストランを
再現してみました
あたりまえの
ぜひたく史上初
じゃないスか?
フォークとナイフで
洋食なんて

いただきまあぁぁーす
あははは
本当に洋食屋さん
みたいだー
はふ
はふ
あぁあああぁぁ
あ
んぐ

ザギン《銀座》で
チーラン《ランチ》
しーめ《めし》は
ンベーウ。
いやあああ
めちゃめちゃ美味《うま》いっス!!
ハンバーグにトマトソースの酸味がハイカラで
これぞ日本の洋食っス!!
これにはやっぱ、かーあ《赤》のインワー《ワイン》にルービ《ビール》もいいっスけど
ろいしー《白い》のスーライ《ライス》だよな、パンジャーのズーニは〈ジャパニーズか?〉
バカっぽいからやめてー―
要するにハンバーグにはお酒よりも白ごはん
それもお茶碗《ちゃわん》じゃなくてお皿によそってゴマ塩パラパラ――で

ああぁあ
文句なし♡
あぁ〜
ばかっぽ
かーばのまいうー〈ばかうま〉げーすーふくしー。〈すげえ至福〉
レストランの思い出？
そうだなー
バイト始めてひと月《つき》も経《た》ってない頃だっけ
昼の3時、厨房《ちゅうぼう》のみんな休憩に出てて
わし一人《ひとり》で留守番してたら
店長が
お客さんだ、Aステーキ入ったぞ

今、厨房自分ひとりだけなんで、ちょっとAステーキは
だったらお前がやれ
さあ…
Aステーキっていうのはお店でも一番上等、バイト君が普通なら触ることも出来ないような肉でな
そ……それ焼いたんス?入ってひと月たらずのアルバイトが!!?
店長命令だ、しょうがないだろ
見よう見まね、自らの少ない料理経験フル動員、全身全霊《ぜんしんぜんれい》で
きくち少年やりましたとも
ええと
フランベだっけ?最後に
店長!! Aステーキ
ほう
ちゃんとしてるじゃないか
ガルニ(付け合わせ)はやってたんで最終的にはなんとかなった
お客さんから苦情もなかった
よくやったぞオレ!!
当時はそう思った
しかし、今では心からこうです!!
あの時のステーキレストラン〝銀座カイゼル〟のAステーキのお客さん
お金返します

●『銀座仕込み?! きくち家のハンバーグ。』終●

第四十一話

炊きこみごはんはお皿で。

北海道
おかあさんとは同郷 秋田《あきた》県人同士であり
青森県
弘前市
秋田県
大仙市（旧大曲市）
秋田市
大森町
横手市
山形県
山形市
福島県
実家もお互い車で30分足らずの距離ということもあり
食の共通認識というのもそれなりには多い
——とはいえ、おかあさんは花火で全国的にも有名な大仙《だいせん》市（旧大曲《おおまがり》市）の
通称 花火《はなび》通りと呼ばれる、いわば目抜《めぬ》き通りの商家の娘
花火通り商
かたや、マエスチョロは見渡す限り田んぼと山
日本昔ばなしか——的な山村の農家の小倅《こせがれ》
山栗《やまぐり》ってうめーんだぞ、まだイガの青いやつを木から叩き落として傘の先で剥《む》いて
皮もまだ真っ白で渋《しぶ》とかぜんぜん気になんねえし
私、お嬢様だから、ちっとも分かんない
ず
一緒にすんなよ（特におかあさん）的なことも多々あるが
最近になって気づいた二人《ふたり》の共通認識というのが
炊き込みごはん!?

ゴボウは
タワシで泥を落として包丁で切れ目を入れ
ささがき——
ゴボウは水にさらして
椎茸に油揚げは薄切りに
人参は千切りに
鍋を火にかけて油を引いて
鶏肉を炒め
そこに人参、ゴボウ、椎茸を加えて
味醂と醤油で味をつけたら水と椎茸の戻し汁を
米を炊く分量を目安に加えまして——
炊くこと3分
ザルで具材を濾《こ》して汁を冷まします
これが炊き込みごはんの出し汁

出《だ》し汁《じる》の味見
薄くのばしたそばつゆのイメージかしら
濾した出し汁は氷水で冷まして
具は鍋に戻し
味醂に醤油で味を足して
具材に味のメリハリをつけます
最後に油揚げを加えて
汁気《しるけ》がなくなったらかやく終了
お次はお米を研ぎまーす
じゃく じゃくじゃく
水気を切ってーー
お釜にお米と出し汁を目盛通りに量って

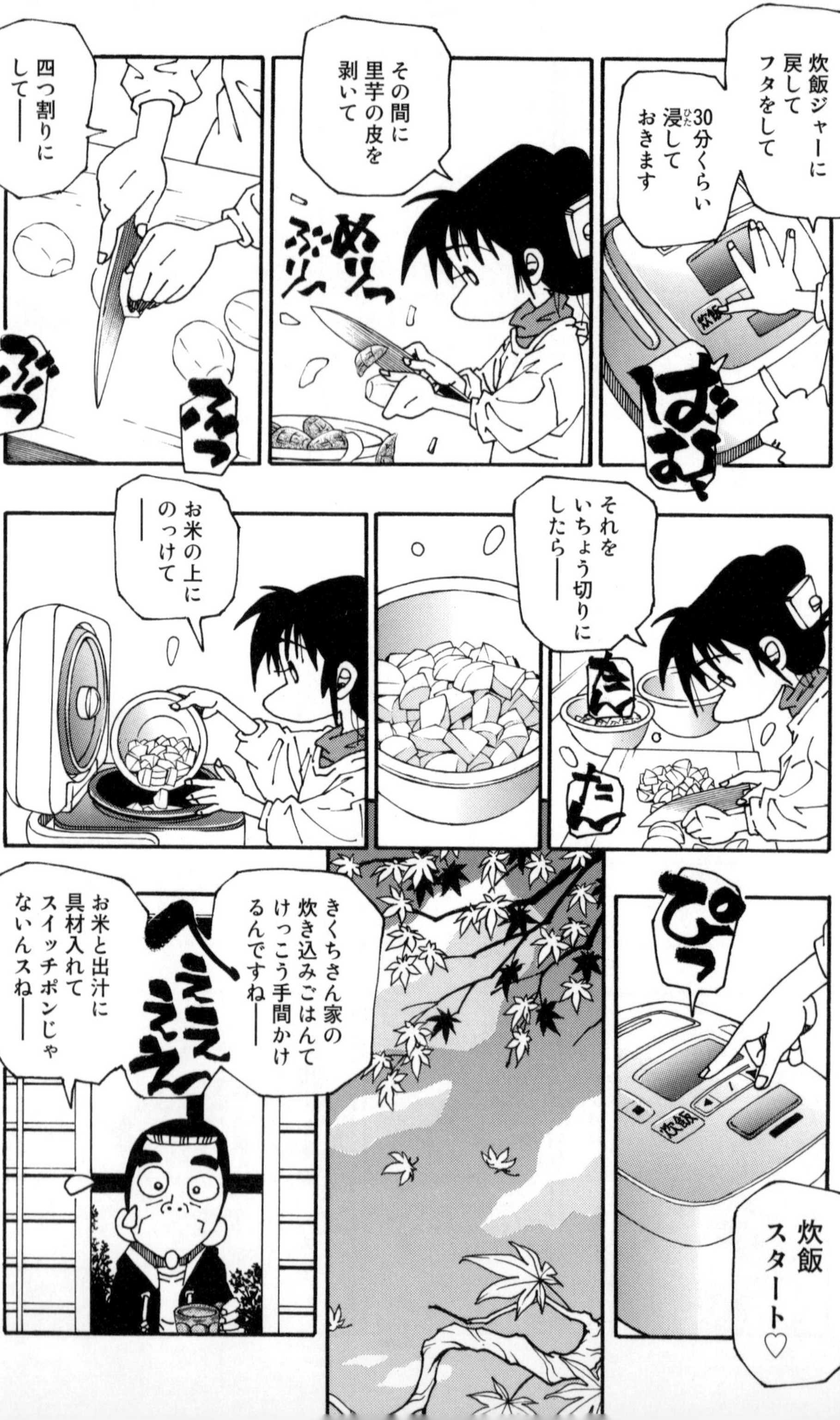

炊飯ジャーに戻してフタをして
30分くらい浸《ひた》しておきます
その間に里芋の皮を剥いて
四つ割りにして——
それをいちょう切りにしたら——
お米の上にのっけて——
ぴっ
炊飯スタート♡
きくちさん家の炊き込みごはんてけっこう手間かけるんですね——
お米と出汁に具材入れてスイッチポンじゃないんスね——

そりゃあそうよ炊き込みごはん、味つけごはんは食事のメインなんですもの
メイン!?
東京に限らず都会の料理屋さんて炊き込みごはんのステイタスが微妙に低いのよね
釜飯屋さん以外は
そうじゃそうじゃ
例えば先月、長野《ながの》県の上田《うえだ》で松茸のフルコースって食べたのよ
今年は松茸が豊作で、例年よりぜんぜん安いっていうから
当然、松茸の炊き込みごはんも出てくるんだけど
コースの一品で、別にメインじゃないもんな
もちろん、めちゃめちゃ美味しかったけど
あとは料理屋さんだとコースの締めに本当にあっさりした炊き込みごはんが出てきて
だったら白飯でいいんじゃねーかとか
だから、うちのは味もしっかり具だくさん
他に何もおかずはいらね、それだけで完結ってのがきくち家の炊き込みごはん

へえええええ
それが共通認識ですか 思った以上に深いんスね
今のは我が家の結論 そのきっかけが二人の共通認識
そうそう それがまた
単純――
ばかみたいに
ぴぴぴぴぴぴ…
おっ
ごはんが炊けましたよ、おかあさんや
仕上げしなくちゃですね、おとうさん
うまく炊けていますよーに
ぱか
ひゃあぁ
里芋だけでもすっげ美味《うま》そォ――!!

先程の
かやくを
ごはんの上に
のっけて
フタをして
5分
蒸らします
炊き込みごはんの
この香ばしい香りと
いったら
くんくん
5分経ち
ましたー
あぁ♡
秋の野山の
香りじゃー♡
くんくん
くんくん
くんくん

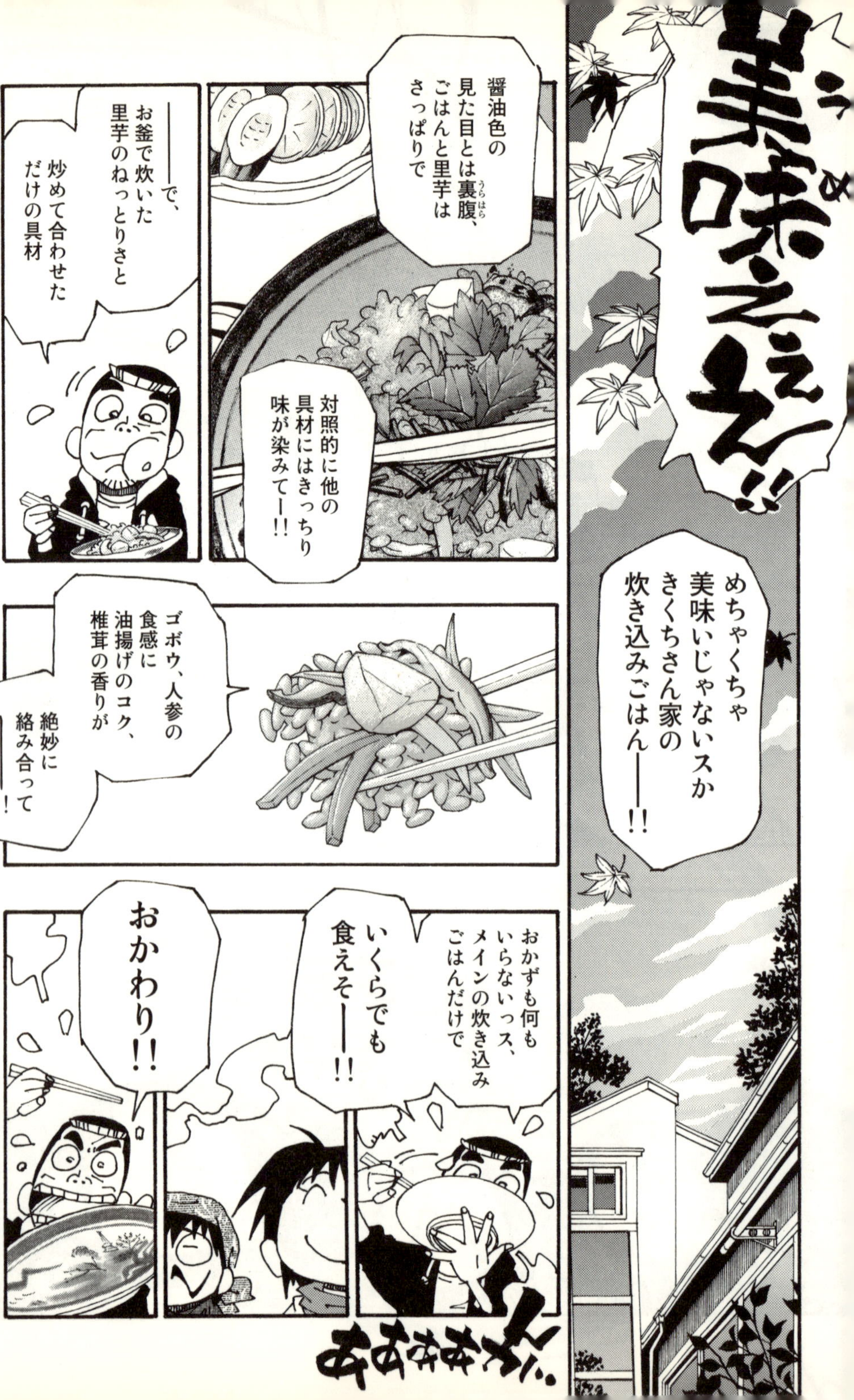
美味《うめ》ぇええん!!
めちゃくちゃ美味いじゃないスかきくちさん家の炊き込みごはんーー!!
醤油色の見た目とは裏腹《うらはら》、ごはんと里芋はさっぱりで
対照的に他の具材にはきっちり味が染みてー!!
ーーで、お釜で炊いた里芋のねっとりさと
炒めて合わせただけの具材
ゴボウ、人参の食感に油揚げのコク、椎茸の香りが
絶妙に絡み合ってーー!!
おかずも何もいらないっス、メインの炊き込みごはんだけで
いくらでも食えそーー!!
おかわり!!

うちの実家
だけだと思って
たんだよ
炊き込みごはん
皿で食べる
なんて
ずうっと
料理屋さんでも
釜飯屋さんでも
上京して
東京《とうきょう》だけじゃ
なくて、
どこ行っても
炊き込みごはんは
普通に茶碗だ
もんな
そんな
ある日
SU
はい、おとうさん
今日は
味つけごはん
昔を思い出して
お皿によそって
みたの
いつもの
お茶碗じゃ
なくて
おとうさんの
うちって
お皿で食べな
かった？
あまん
味つけごはん
人生半世紀
生きてきて
ついに氷解《ひょうかい》した
うち《実家》だけじゃ
なかったんだ、
炊き込みごはん
皿で食うの
しみじ…

●『炊きこみごはんはお皿で。』終●

第四十二話

白子ぽん酢・ぜひたくなのはぽん酢?

柚子《ゆず》を捥《も》ぐ
ぢょきん
うりゃ
ぢょきん
うりゃうりゃ
ぢょきんぢょきん
風物《ふうぶつ》詩《し》などという偉そうなことではないが
うりゃ
ぢょきんぢょきん
きくち家《け》の冬の到来である
という間にこんなたくさん
今年もよく生《な》ったわ——

柚子果汁を加えます
味の濃さは本当にその人の好き好きで
容器に詰めて1週間寝かせたら
きくち家おかあさん印《じるし》ポン酢の完成!!
ゆず ぽん酢
これが
1週間熟成の自家製ポン酢スか――
ポン酢って自分で作れるんスねー―
肉に野菜、とりわけ冬の魚、鯛にカワハギ
白子《しらこ》!!!

白子!? 白子ポン酢が家で食える!!?
好きなのー 私の大好物、冬の一番なのー
うっとり…
マジかー ハードル高いなー
食べたい 食べたい 食べたい
ゆさ ゆさ ゆさ
ハードル高いってー
白子はとにかく鮮度、本日は少々足をのばして荻窪《おぎくぼ》駅ビル地下の魚屋さんおススメ
タラの生《なま》白子、それにスケソウダラの生《なま》タラ子
タラの白子ってやばいっていう形してますよね
秋田《あきた》の地方名 だだみ
名前の響きがもうやばいわよね

ちっちゃい時は しょっちゅう鍋に 入ってて
大人って こんな気味 悪いもの 食べるの!!?
近寄るのも 嫌だったわ
それが 今では
一番 なのォーー♡
白子に魚卵が ハードルが高いって いうのは何か 技がいるとか?
技もなんも いらん、ただ 気をつかう
くずれやすい、ほぐれやすい、火加減
まずは タラ子から
一対《いっつい》になってる タラ子を切り 分けて
2～3㎝の 大きさに輪切りに します
鍋に出汁昆布、日本酒、味醂、生姜《しょうが》を 火にかけて
日本酒
本みりん
沸《わ》いたら火を 弱めて、淡口 醤油少々

鍋に輪切りにしたタラ子をそーっと沈めてやって
ばらばらにならないんです?
はい 花を咲かせてやる
花を咲かす!?
ふわ
本当だ!!
タラ子の切り口がふんわりめくれあがって花が咲いたみたいに
ばらばらになるどころか逆にきゅっと締まって
あとは決《けっ》して沸かさず
弱火でことこと10分
火を止めて味を含ませる
お次は白子
鍋に水と日本酒、塩少々を火にかける
日本酒
塩
白子のポイントは湯加減《ゆかげん》
自分の手をつけてみて——
湯加減!?風呂か
熱《あ》っちと感じる程度
50℃くらいか
50℃!?
そんなぬるくていいんス!?

ねぇ〜！
私も最初はそう思ったの
上手なお寿司屋さん、小料理屋さんの白子ポン酢って
トロットロですんごいレアじゃない
あれって高温にさっとくぐらすのかと思ったらそうじゃないんですって——
漁港で揚がったばかりの白子なら生《なま》もいいんだろうけど
そうじゃなかったら低温でしっかり中まで熱を入れて仕上げる
逆にそっちの方が臭みも無くてふんわり仕上がる
50℃で5分から6分
そしたらすかさず氷水にとって
芯まできっちり冷やします
芯まで冷えたらザルで水気を切って
ボウルに入れて、ここがポイント
自家製ポン酢を注いで
ものの数分下味《したあじ》をつける
どぉっ
その間に薬味の準備——

辛味《からみ》の強い大根の先っちょをたっぷり
小口《こぐち》ネギに柚子皮の千切り
白髪ネギに生姜の千切り
では
盛りつけ
白子は食べやすいようひと口大に
筋《すじ》の硬いところを取り去って
おおう
見るからに
ぷにぷに
お酒はおかあさん
もちろん熱燗《あつかん》じゃないですか、おとうさん

合いますねー
ポン酢と白子ーー
そこに大根おろしが加わると完璧!!
白子のクセも何もみんな消し飛んじゃいますねーー
うちは庭に柚子が生るんでそれでやっちゃうけど、別に他の柑橘類《かんきつるい》でもぜんぜん構わない
カボスでもスダチでもダイダイでも、手に入りやすいもので
ぱくぱく
柚子って高いもんねーー、スーパーで買うとーー
ぱくぱく
おつぎ
タラ子の含《ふく》め煮《に》!!
ぱく
うううめき
ちょぉぉばかちんでぜんぜんいいや

美味しい♡
こちらは柚子皮の香りがきいててーー!!
これぞ大人の味、付き出しでこんなのが出されたら
そのお店絶対通《かよ》っちゃうわーー♡
ぱくぱく
でもポン酢にしても白子にタラ子にしても
確かにハードルは高いかもなんスけど、そんなに難しいことはないんスねーー
そうなんだよなーー こういう季節物って魚卵、白子
きゅっ
年に数回やるかどうか
毎日のようにやればきっとあたりまえの料理なんだろうけど
ゆっさゆっさ
毎日やってやってやってやってやってーー
おかあさん、熱燗お願いします
はあ〜♡
今夜はごきげんおかあさん
髙松《たかまつ》さんまだ食べられるでしょ?
すいっ
もうぜんぜん

ポン酢に白子でもうひと品
冬の大好物その二《に》ーー♡
ふふふ
まじっスか?!!
まさかまさかの白《しら》子《こ》天《てん》ーー!!?
さすが
揚げ物クイーーン!!!
きー
ただの
ぜいたく
や!!

●『白子ぽん酢、ぜひたくなのはぽん酢？』終●

きくち家、鏡開きは叩きとら。

第四十三話

平成三十一年（4月までの限定だが）の年が明ける
和《わ》ローソク、鏡もち、羽子板《はごいた》、獅子頭《ししがしら》——etc
神棚《かみだな》がわりの李朝箪笥《りちょうだんす》が賑やかに飾りたてられる
他の物はともかく何故《なぜ》獅子頭などという代物《しろもの》が……!?
おかしいでしょう?!
一般家庭に——
ただいまー
私も最初は何事かと思ったわよー
おかえりなさーーい

おやつもいいんスけど、他に何か料理として酒のつまみにもなるような大人の一品《ひとしな》
しかもカンタンで
またカンタンでか、美味いものが食いたかったら手間に苦労をいとわずにだなァ
ぶつぶつ
小言《こごと》モード
あるわよ♡
このマンガ奥さんだけでいいっス
うりゃっ
はあっ
うりゃあ
はあっ
うりゃあ
はあ
はあっ
知ってた!?
〝切る〟は切腹《せっぷく》
鏡開きのおもちは刃物で切っちゃいけないんだって
はあ
いいわー　ストレス解消に
ふっふっふっ

ひと口大《くちだい》に砕いたおもちは水に漬けて1時間以上
おろし金《がね》に大根、鰹節
お醤油に長葱に芹《せり》
何が出来るんです？
江戸料理その名も〝雪虎《ゆきとら》〟
え？！
雪虎ってきくちさんのマンガにも出てきた!!?
かの北大路魯山人《きたおおじろさんじん》曰《いわ》くその味簡適《かんてき》にして醇古《じゅんこ》、まことに一端《いっぱし》の食通をよろこばすことができる、うんぬん
ええええ え
本来なら厚揚げ、それをアレンジした油揚げでやるんだけど
そのおもち版正月バージョン

「魯山人味道」中公文庫

始めまーす
まずはザルに おもちをのっけて 水を切ります
大きめの フライパンを 火にかけて 油をちょい多め
少々 離し気味に もちを並べ たら
フタを して
中弱火で 4、5分 焼きます
その間に 薬味
大根は 辛味の強い 先っちょを おろします
たん たん たん
芹に葱は みじん切りに
薬味 完了
ハシ先で おもちを つついて 柔らかく なったら
引っくり 返して——

再度フタをして2、3分
ぱちぱち
火を少々強めておもちの表面にしっかりおコゲをつけましょう
そしたら俎板《まないた》にとって——
ああああ
もちが油でコゲた匂いが——
くんくん
くっついちゃって大きくなりすぎても気にしません
あっちっち
包丁で切ってもよし、むしっちゃってもよし

な……なんか
めちゃめちゃごちそう感ありますよ
おもちフライパンで焼いただけなのにね
器《うつわ》組《ぐ》みって偉大よねー♡

いただきます
大根おろしのっけて
お醤油をちょんちょん
鰹節
葱に芹
ウ…ミャ…ー
すっげえシンプルなのにめっちゃ美味《うま》そう……
フライパンで焼いただけなのにね
ああん

さくっ
やべぇっ
醤油かけただけなのに
めちゃめちゃうめえ!!!
外はかりっかり!! 中はもっちもち!! もちだからあたりまえか——!!
そこに大根おろし、葱の辛み
芹の香りにとどめは鰹節——!!!
思ったんスよ 醤油だけかよ、めんつゆとかないのかよ
いやいや
充分充分、醤油だけで充分——!!
タレとか出汁《だし》とかかけても、それはそれでめちゃめちゃ美味しい
でも、それだと味が揚げ出しもちになっちゃうから
魯山人の雪虎は大根おろしに生醤油が基本よね

そういやぁ
揚げ出しもちって
もっと重いスもんね
これだと本当軽くて
さっぱりいくらでも
食えそう
そうなの
合わせるお酒も
スッキリ系の
きーん
と冷えたのを
さくっ
くーっ
ふ…
もちで
辛口の日本酒を
ちょっと
大人じゃね

お正月、お祝いごと
もちは身近《みぢか》にあった
米どころだし、秋田《いなか》は
家の土間《どま》で近所の人総出《そうで》でもちつき
子供たちもかり出されて
お駄賃《だちん》はもちの食べ放題
村の鎮守《ちんじゅ》様、裏の畑の氏神《うじがみ》様
農作業小屋、お正月の神棚
鏡もちなんていくつ作ったんだろう
その時の食べ方は？
きな粉にお醤油、納豆なんてのもあった
そのまんまでも美味しいわよね、つきたては

今と違って 真空パックじゃ ないから、おもちは
カビそうになると バケツの水に 漬けとくのよね
お正月なんて それが凍っちゃう のな
雪国お正月 あるある
きぃぃん
そのおもち どうするのって?
それはやっぱり 揚げたり、お汁粉だったり、でも一番多いのは
あらやだ
食べたく なったから 作ってこよ♡ おとうさん 砂糖醤油 お願い
あいよ
フったかたー♫

●『きくち家、鏡開きはゆきとら。』終●

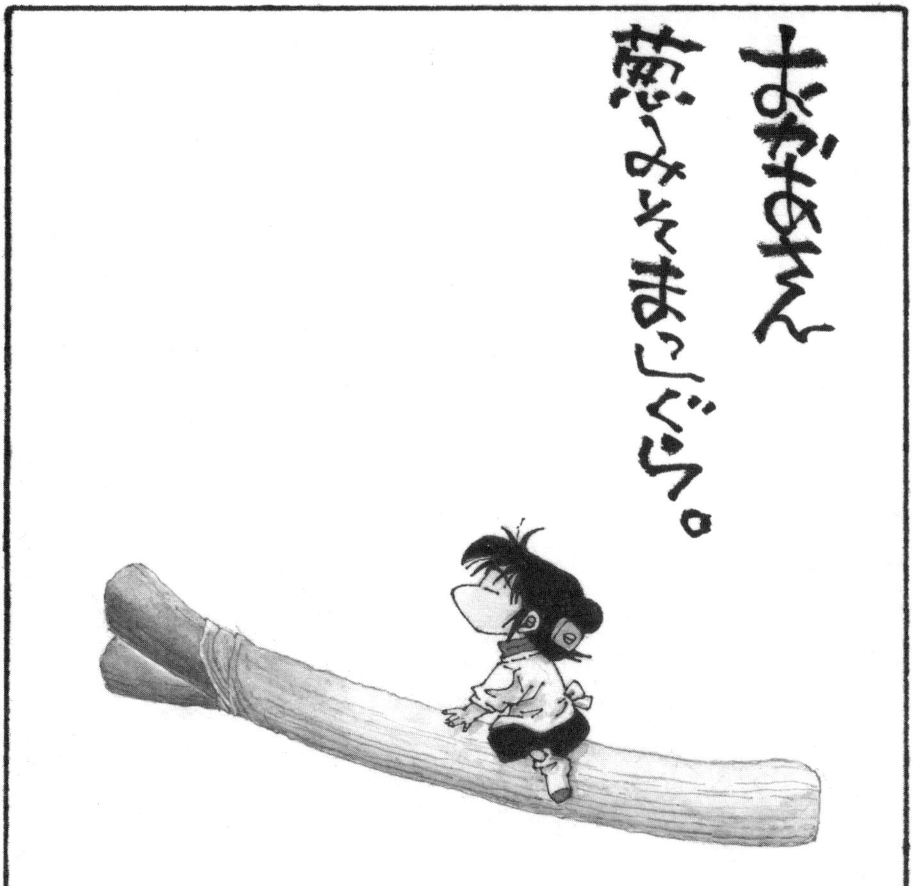
おかあさん
葱みそまっしぐら。
第四十四話

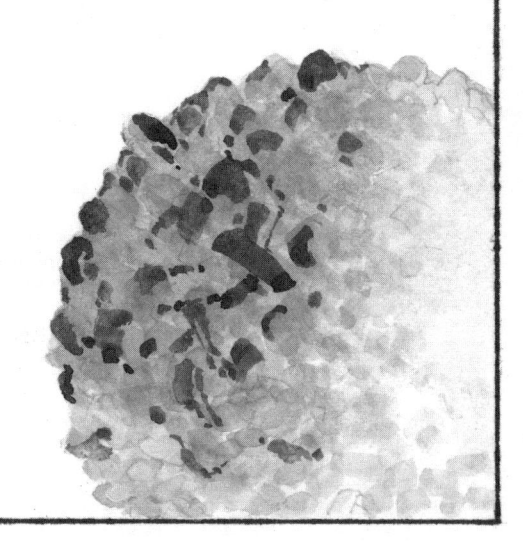

あぁあぁん
ぽりくー
せいぶやぎさわ
西武柳沢
ぽりぽりくー
ぽりぽり
東伏見
好きだな
ぽり
好きなの
おせんべいやさん本舗《ほんぽ》の葱みそせんが
葱みそせん
好きなの
病院の帰りにおみやげで買って家《うち》まで待ちきれなくて
駅のホームで袋あけて食べちゃうほど
大好きなの——♡
東伏見
ぽりぽり
♫
間もなく1番線に各駅停車西武新《せいぶしん》……

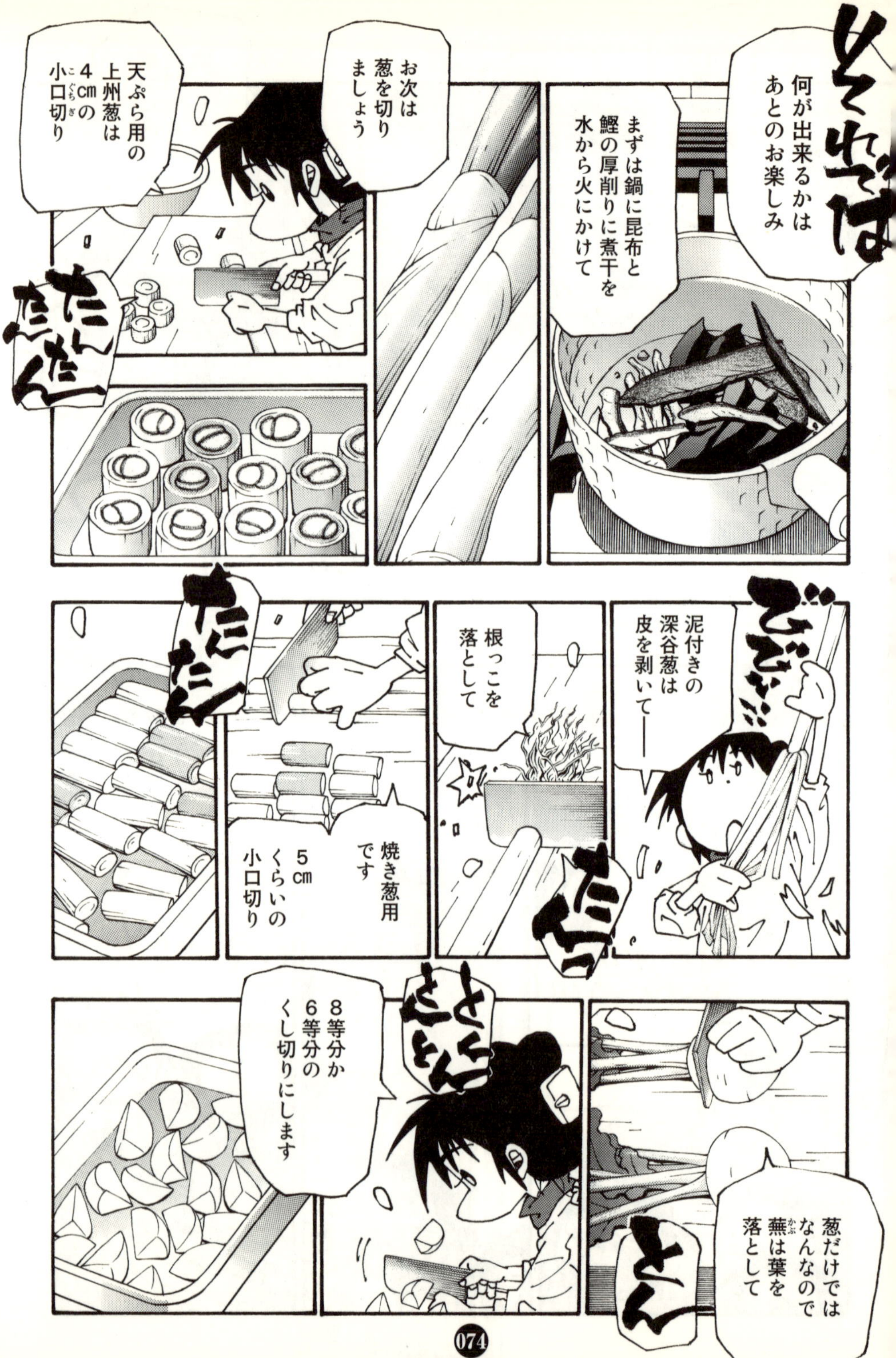
それでは
何が出来るかは あとのお楽しみ
まずは鍋に昆布と 鰹の厚削りに煮干を 水から火にかけて
お次は 葱を切り ましょう
天ぷら用の 上州葱は 4㎝の 小口《こぐち》切り
たんたんたん
泥付きの 深谷葱は 皮を剥いて――
根っこを 落として
たんっ
焼き葱用 です 5㎝ くらいの 小口切り
たんたん
葱だけでは なんなので 蕪《かぶ》は葉を 落として
とん
8等分か 6等分の くし切りにします

あと葱のみじん切りも頼みます、おかあさん
あら
七輪《しちりん》!?
炭火で焼くんです?
それで葱味噌拵《こさ》えて、せんべいは無理でもおにぎりなら
モチベーションがぜんアップ!!
深谷葱全体にタテに切れ目を入れて――
さくさく
たん
たん
みじん切り――
ごはんを準備して
おにぎりを拵えます
堅めにしっかり、塩はまぶさず冷めるまで置いときましょう
鍋に油
天ぷらの準備

冷水に小麦粉、それに上州葱
小麦粉
まず、小麦粉と冷水は同量から、冷水が多めをボウルにあわせて
混ぜるのではなく、さっくりと切るカンジ
1、2、3、4
はい、お終《しま》い
お次は小麦粉に葱を
ぱふぱふ
まぶして
天ぷら液にくぐらせて
鍋に投入!!
油の温度は180℃で3分
表面に軽くコゲ目がついて箸先《はしさき》にカリッと伝わってきたら
葱天揚がりーー♡

んじゃあ
七輪に 葱と蕪を のっけて
出汁《だし》を 濾《こ》して――
ざあっ
味噌は 八丁味噌《はっちょう》に 三年物米《こめ》味噌の 合わせ味噌
やったァ
お味噌が一気に ごちそうに なるやつ――
八丁味噌と 焼き葱の 相性の良さ だよな ――
味噌を 溶いて――
私ったら 柚子皮 刻んじゃうの
料亭気分 なのさ ♫
たんたん たん。
葱に蕪が 焼きあがり ました――
お次は 冷めて表面が 固まった おにぎりを のせて――

そしたら
ボウルに味噌
普段使いの
米味噌1年物
みじん切りの
葱を加えて
練《ね》る
おにぎりを
ひっくり返して
葱味噌を
たっぷり塗って
――
仕上げのとどめは
ガスバーナー

ぷすぷす
駅のホーム、葱みそせんの香りだわ
うっとり
どんどん行こう、どんどん
自家製めんつゆに水溶き片栗粉でとろみをつけて
焼き葱を入れて
タレをからめて
がこんがこん
味噌汁椀《わん》に焼き葱と蕪をよそって
味噌汁を張って──
葱天に大根おろしはおかあさん
できてます
味噌汁の吸《す》い口《くち》に辛子《からし》は
練りました──
器《うつわ》──
温めてる──♡

YEBISU

がぽぁあ〜
おつかれ様──
がぁん〜
んぐんぐんぐんぐ〜
至福
いっただきまあぁす♡
葱天は大根おろしに
お醤油ちょん
はふはふ
さく
葱が甘《あま》っ
外側さくさく、
中ほっくほく!!
これは
もォ──
ぐびぐび
至福
至福

次!!
葱のタレ焼き!!
あ♡
焼き鳥屋さんの葱焼きとはまた違って
これ、お蕎麦屋さんにあったら絶対嬉しいやつ――
柚子が効いてて――♡
これはビールじゃなくて
へい
至福至福至福
さて
お味噌汁
薬味は柚子
吸い口に練り辛子
香りがもう♡

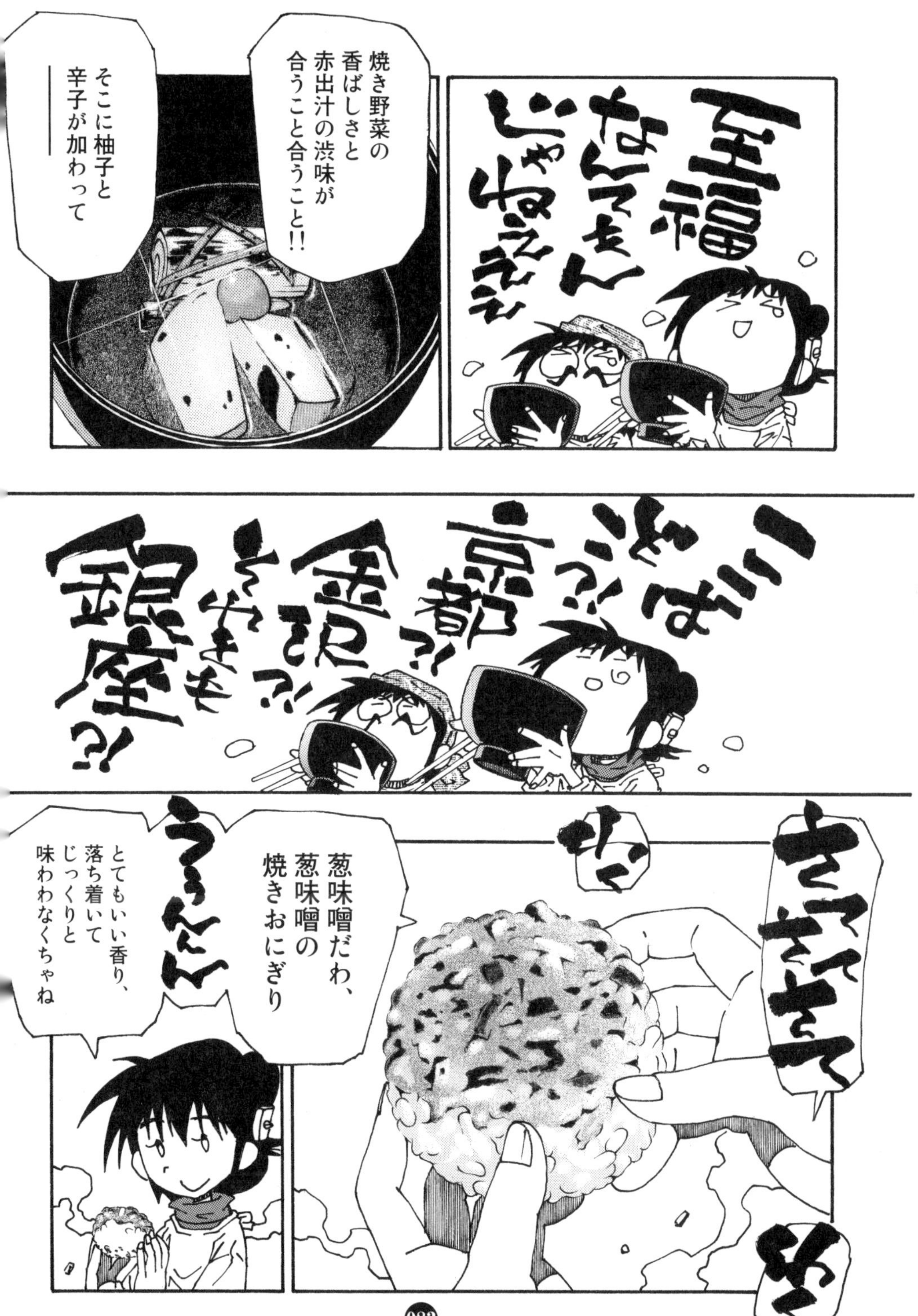
至福なんてもんじゃねえええ
焼き野菜の香ばしさと赤出汁の渋味が合うこと合うこと!!
そこに柚子と辛子が加わって——
ここはどこっ!?
京都っ!?
金沢っ!?
それとも銀座っ!?
さてさてさて
葱味噌だわ、葱味噌の焼きおにぎり
うううんん
とてもいい香り、落ち着いてじっくりと味わわなくちゃね

でも、待ちきれないから食べちゃう
ぱくっ
至福なんてもんじゃ…
もうもう
これもお酒呼ぶわーー
ちうううううう
へ〜もうってやばっ
至福
至福
至福
至福
至福至福至福至福
あああああ
美味しいーー♡
葱味噌の焼きおにぎり、嫌いな日本人いる？いるわけないわーー
あら
高松《たかまつ》さんに声かけるの忘れちゃった
次回はちゃんとごちそうするということで
あぐあぐ

●『おかあさん葱みそまっしぐら。』終●

春はすぐそこ、小鍋仕立礼賛。

第四十五話

自分が好《この》ましいと
思わぬ食べ物に
宴会料理、
旅館料理という
のがある
かといって、
宴会や旅館が嫌い
というわけでは
決してない
決してない
ざぁぁん
では、何が
好ましくないかと
言えば
宴会料理、
旅館料理に
付き物の、これ

約束しましたよね
うわあ
の…
前回の最終ページ最終コマ
高松《たかまつ》さんに かけるの 忘れちゃった
次回はちゃんとごちそうするということで
あぐあぐ
約束しましたよね
しまった—
というわけで、今回はとっても簡単
おひとり様サイズの土鍋料理—
三人で食べるけど
約束は守らなきゃ
不本意そうだな—
まず土鍋、マエストロ愛用伊賀焼《いがやき》の土鍋を使います
土鍋ありき!! この鍋だと普通サイズのカセットコンロだとサイズが大きすぎるので
ミニサイズのカセットコンロ新調しましたー!!
調理器具新調するって、それがカセットコンロでも
わくわくしますね—
こいつのわくわく感はちょっとズレてる
経費よ経費、経費で買えた嬉し—

本日の鍋の材料です
野《の》びるに木綿豆腐
豚バラ肉に
カキ
野びる?
今しか出回らない春野菜、あさつきの名で売られてる
おかあさん、大根おろし頼みます
はーい
豚バラ肉は俎板《まないた》の上に
広げて重ねて
ぶっ
5、6㎝の長さに切る
はい おとうさん、大根おろし
カキは大根おろしで
汚れを落として
あああ
くんくん
カキの香りー
オレめっちゃ好きなんスよ、カキーー♡
私もーー♡
くんくん

流水で大根を洗い流して、ザルにあけて
ペーパータオルに広げて
水気をしっかり切る
野びるは半分に、豆腐は食べやすい大きさに切って
豚肉にカキもバットに並べて
具材の下拵《したごしら》えは以上、お次は鍋のタレ
調味料はきくち家の一年物、三年物味噌に八丁《はっちょう》味噌を2対2対1の割合で
日本酒
純米 本みりん
八丁味噌
別に市販の味噌でぜんぜん構わない、ただ、八丁味噌はできれば用意してもらいたい
煮詰めていった時の味の深さが違う
味噌仕立てには何か理由が!?
あとは味醂《みりん》、日本酒、それにおろし生姜《しょうが》
高松《たかまつ》さん野びる、初めて?

初めてッス
食べれば分かるけど、野びるってとってもクセが強いのよ
らっきょうとかニンニクと一緒で味噌との相性がとってもよろしい
それに脂身の多い豚肉との相性も
そこにカキ!! 味噌でまとめて相性が悪いわけがない!!
鍋に水を火にかけて味噌を溶き入れる
味醂に日本酒を加えて軽く煮立ててアルコールを飛ばす
最後におろし生姜を加えて、鍋のタレ完成
あとは土鍋に豆腐、豚バラ肉、野びるの白い根元の部分を並べて
味噌ダレを回し入れて
フタをして
卓《たく》に運んで

火を点《っ》け
て——
かちん
ビール
飲んで
しゅおお
鍋が沸いたら
フタを取って、
カキに野びるの
青いとこを入れて
またフタを
して——
飲ん
でー
かたかた
再び鍋が
沸いたら
——
ごくん

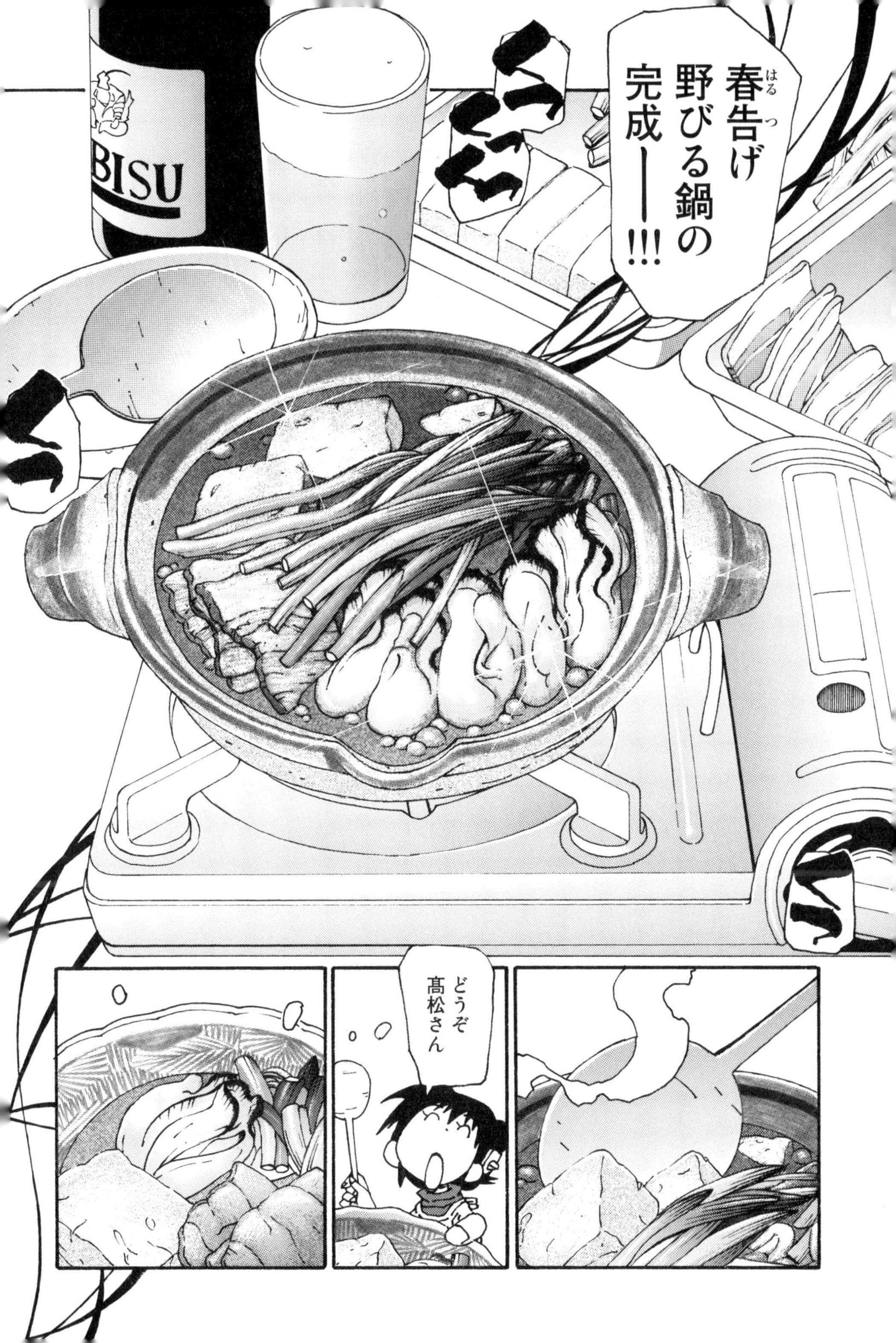
BISU
春《はる》告《つ》げ野びる鍋の完成ーー!!!
どうぞ高松さん

カキに野びるーーー!!!
豚バラに野びるーーー!!!
豆腐に野びるーーー!!!
めちゃくちゃ美味ええぇ!!!
豚バラにカキ、豆腐まで味がくっきりーー!!!野びると合うーーー!!!
味噌仕立て

見た目もっと
塩辛いのかと
思いきや
ちっともちっとも、
それなのにコクと
深みが強力――!!!
何種類かの
味噌を合わせて
使う、そこに
八丁味噌を
しのばせる
そこがミソ♡
なんちゃって
このお鍋には
日本酒も
いいけど
味噌の味の
深さには
―
んくんく
やっぱり
ビール!!
なんちゃって
ひとり鍋
ラウンドツー
おかわり
する人――
私は
食べます
♪
ください
くださいい!!
ください、
奥さーん!!
ぐつ
ぐつ

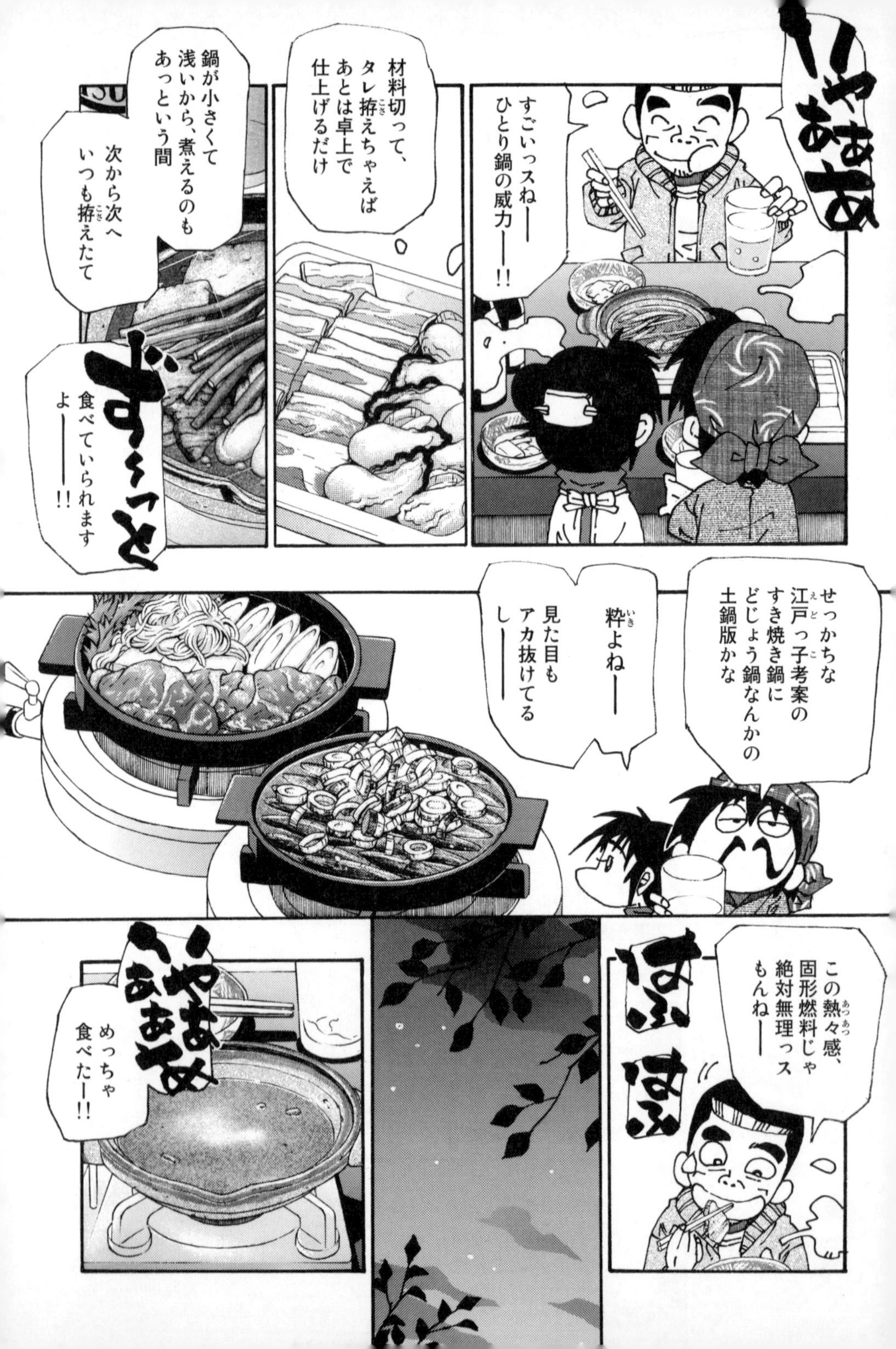
いやあああ
すごいっスねーー ひとり鍋の威力ーーー!!
材料切って、タレ拵《こさ》えちゃえば あとは卓上で 仕上げるだけ
鍋が小さくて 浅いから、煮えるのも あっという間
次から次へ いつも拵《こさ》えたて
ずらっと
食べていられます よーーーー!!
せっかちな 江《え》戸《ど》っ子《こ》考案の すき焼き鍋に どじょう鍋なんかの 土鍋版かな
粋《いき》よねーー 見た目も アカ抜けてる しーー
この熱々《あつあつ》感、 固形燃料じゃ 絶対無理ッス もんねーー
はふ はふ
いやあああ あああ
めっちゃ 食べたー!!

明日も仕事でしょ？髙松さん
タクシー呼びますね
おお?!
もうそんな時間か
も……もし可能でしたら
その味噌ダレで
シメって
できますかね……!?
おまたせしました～
ゆらら
い・き・ま・す
ぐつ
ぐつ

よ♡
ぐつ
ぐつ
じゃきん
とろおおお

お茶碗に よそって
青ネギを
ぱらぱら
どうぞ
髙松さん 今日の締め
ぬあああ
味噌おじゃ
死ぬほど 美味え――!!
もし可能でしたら このシメには 純米の冷酒が――
早くタクシー 呼びなさい、おかあさん

●『春はすぐそこ、小鍋仕立礼賛。』終●

第四十六話

三度のごはんと糀塩が同じお米であるというぜいたく。

東京《とうきょう》では、すっかり
桜も終わり
青葉の緑が
目にもやさしく
繁《しげ》りはじめる頃
ほおおお
ほけきょ
私の故郷・秋《あき》田《た》では
ひと月遅れ
長い冬も終わり、
やっと桜の時期を
迎えます
鳥海山《ちょうかいさん》
そして、その
故郷から
年に一度の
春の便りが
今年も……
ぴんぽーん
宅配便でーす
チョコセット

なんスか?春の便りって山菜スか?それとも
わく〳〵
待ってなさい、今開けるから
生チョコセット
なんスか?
糀《こうじ》
春の便りが!?
糀は春よね
雪国の農家は雪が解《と》けた春先なんだよ、糀を頼むの
自分ちの米 持ち込んで
米 持ち込んで?
糀って、店で買うんじゃないんスか?
農家は自分ちの米に糀屋で糀菌《こうじきん》つけてもらって糀にするのだよ

その糀で まずは 味噌を仕込む
味噌仕込みも 春の風物詩《ふうぶつし》よね
あとはいろいろ、漬物やら糀塩《こうじしお》!!
糀塩!? 塩糀《しおこうじ》じゃないんス?
田舎じゃあ どっちでもいいのよ、髙松《たかまつ》さん、糀塩って 仕込んだことは?
ないっス
じゃあ 見てって
用意するものは、そば打ち用の こね鉢《ばち》に糀
あとは塩に 計量升《けいりょうます》
でえん
五合
100%
ほんじお
100%
ほんじお
まずは糀を こね鉢にあけて
どさ どさ
これ、一体 どれくらいの量 あるんス!?
5升《しょう》
どっちゃり…

5升!!?
年に1回だけだし、仕込むの、腐るものでもないし
塩糀……糀塩っていったら、こんな小っちゃいビンに入ってて
塩 こうじ
それで5、600円くらいして、冷蔵庫で大事に大事に使うもんじゃァ!?
市販のと一緒にされてもなァ
糀塩ってもっと安上がりで、じゃんじゃん使うものよね
塩糀ブームってありましたよね、仕込み方にいろんな料理に使ったり
きくちさん家《ち》の糀塩ってあれとは違うんです?
うちはブームのずっと前からブームが去った今でも変わらず
80歳を過ぎたお義母《かあ》さまから教わったことが基本ですから
きくち家の糀塩―― 糀1升に塩3合《ごう》、糀5升なら塩1升5合
五合
単位は重さではなく量《かさ》!!

しっかり しっかり かき混ぜて
糀と塩を よーく なじませて
升に 移して
カメに 入れまして ――
ひたひたに 水を張ったら
どぷ
ざっくり ざっくり かき混ぜる
す……素手で 大丈夫なんスか? 雑菌とか―― 保存食っスよね!!?
大丈夫、 塩が1升5合も 入ってるんだ、 なんも心配ねべ
バアさんの 言葉そのまま

これで、ひと晩おくと糀が水を吸ってパンパンになるので
また水を入れてかき混ぜてを2、3日――
うわわわ
これ、ビンに詰めて売ったらいくらになるんスかね
ウン十万じゃねえか?
おかしくないスか、こんな簡単なのに
おかしいのは市販品の方だって
あとは日の当たらない涼しい所で10日から2週間で使えるようになるけど
ひと月はほしいわよね、美《お》味《い》しくなるには
半年も経てばもう、どこにも負けない糀塩になるわ
半年!!?
料理は半年後スか!!?
ご安心を、昨年の熟成糀塩がありますから
ほっ
でも、糀塩料理、今日仕込んだとして食べられるのは明日
1日は待ってね
え〜っ!!!
子供か

では
カンタン糠塩レシピ一品目
これから美味しくなってきます、胡瓜《きゅうり》の辛子《からし》漬《づ》けっ
まずは胡瓜を水洗いして
水気を切って——
ビニール袋に入れて
糠塩は胡瓜3本に大さじ1
ザラメ大さじ2
粉辛子大さじ1
辛子
よーく揉んで胡瓜と調味料をなじませて
あとは1日待ちましょう
えぇ〜〜ッ!!

糀塩レシピ
その2!!
きくち家定番、
手羽先の
糀塩焼き!!
まずは
手羽の
手羽端を
切り落とし
まーす
お次は
ニンニク、生姜を
たたきつぶし
まーーす
私は肉たたきで
やっちゃいまーす
ビニール袋に
手羽と
ニンニク、生姜
糀塩は
手羽5本に
大さじ1
黒コショウを
ひいて──
よーく
揉んで
胡瓜は常温で1日、
手羽はお肉だから
冷蔵庫で1日
待ちましょう
ええ〜っ?!!

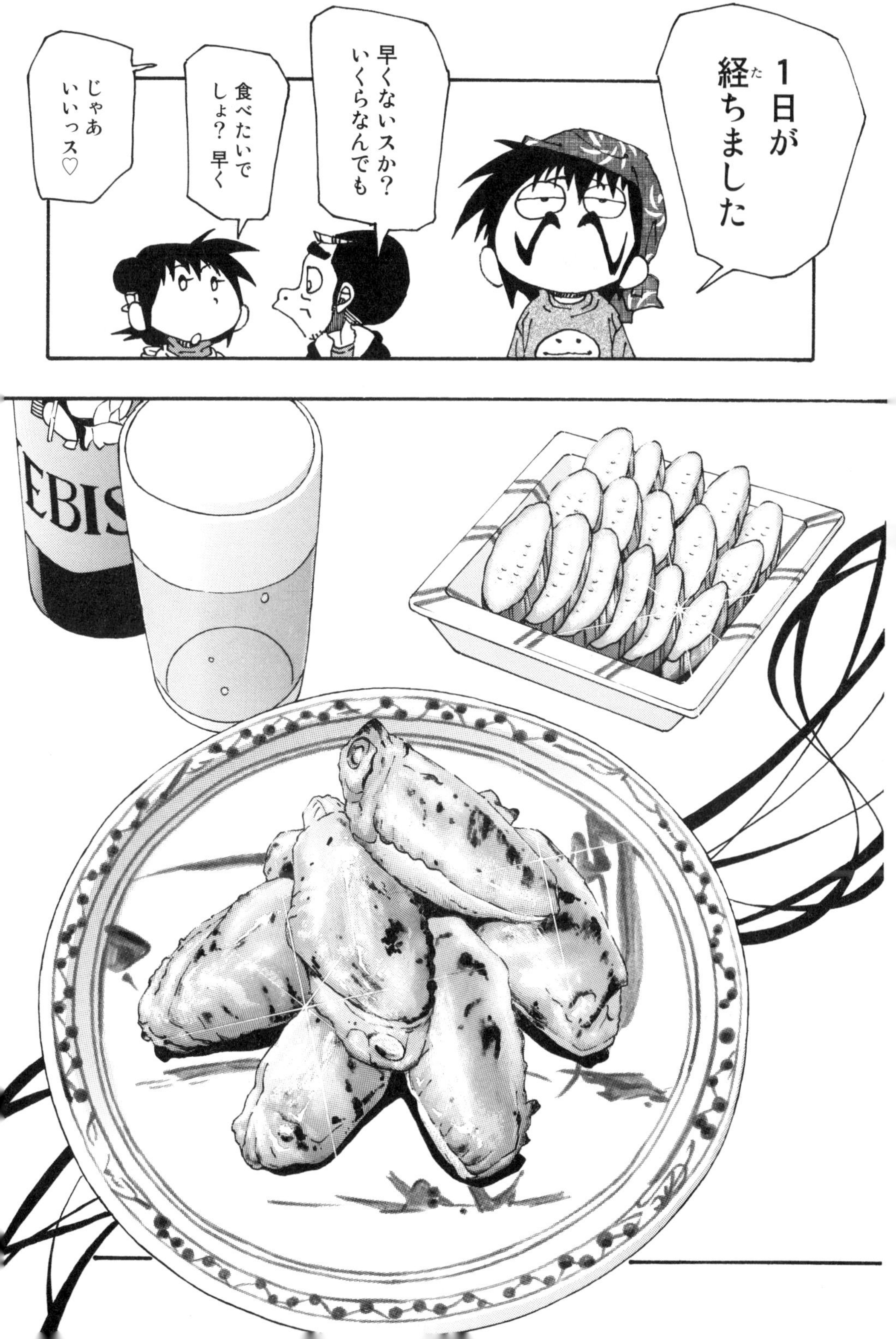
1日が経《た》ちました
早くないスか？いくらなんでも
食べたいでしょ？早く
じゃあいいっス♡
EBIS

がぶりっ
こういうのは 熱々のを手づかみで
といって くださいいな
あっちあち
皮がパンパンで
こんな手羽 始めてっスよ
では、早速!!
むしゃ
い……いきなり
めちゃくちゃ ジューシー!!!
単にジューシーと いうだけじゃ なくて
その汁がしっとり 手羽肉のセンイに まとわりついて
ただの 手羽塩焼きとは ぜんっぜん 違って
コクに旨み、熟成感ハンパ ないっス!!
めっちゃ
美味っスよー!!!

2度焼き!!?
最初はうちも普通に焼きたてで食べてたわ
でも、もう10年以上前かしら?お客様が大勢いらした時にたくさん作りすぎて残っちゃったのよね
それを翌日焼き直して食べたら、これが美味しくて——!!
焼き方はいたってカンタン、まずは普通にコンロの魚焼き用グリルで10分弱
それで余分な油を落として
2、3時間から半日 冷まして
食べる直前にコンロで本焼き
時間は少々かかるけど美味しさは抜群♡
きくち家自慢の逸品です♡
そんなウラ技、スゴ技が——
むしゃ
でも、それで手羽先の風味がまるで鶏肉のハムっスもんね——しっとりしてて——

ぐびぐび
くはあああ
これぞビールの最強お供《とも》――!!
そうすっと欲しくなるわけですよ
歯ごたえ系さっぱり箸休《はしやす》めが――
ぱりん
あはは
こりゃいいや――
ほどよい甘さに鼻に抜ける辛子の香り
それになんといっても、この歯ごたえ
皮のパリパリ感がすげえ――!!!
どやぁぁ
それも糀塩の特長よね、手羽の皮もそう胡瓜もそう
茄子《なす》なんかもとにかく皮がパリパリで美味しくなるの
その歯ごたえでまた手羽が
むしゃっ
そすっと
ぐびっ

しあわせの無限連鎖が止まりませーん
へーー
そんな昔からですか、きくちさんのご実家
糀塩歴
子供時分なんかまったく興味なんかなかった
マンガ家になってからだよな、そういえば実家の漬物って、すんごい美味かったなって
私もおとうさんの実家にうかがった時衝撃だったわ
漬物の色の良さ、歯ごたえ、味のキレ、胡瓜に小茄子なんて特に

●『三度のごはんと糀塩が同じお米であるというぜひたく。』終●

第四十七話

きくち家人気料理は学校給食?!

ちぽぽぽ
おとうさん おとうさん
今、丁度《ちょうど》よかった コーヒーが
掃除してたら すごい懐《なつ》かしいの 出てきちゃった
懐かしいの？
わあ ありがとう
そうっ 子供たちの 学校給食で 大人気だった
ずー・・
ああ♡
美味《おい》しい
コーヒーの 一番は人に 煎《い》れてもらう ことね
学校給食で 大人気って なんだっけ
ほらあ
子供から 大人まで お酒のおつまみ にもなって、 お客様にも 大人気
ひと頃、すんごい 作ってたじゃない

現物コピー
ポテトタコ!! 学校で配られたレシピプリント
今度の料理ネタは決まり!!
確かに懐かしい料理名ではある……が!!
たかだか10年そこいら前のプリントだぞ
いったいどんな保存方法でこんな古色《こしょく》がつくというのだ!?
おかあさんお腹《なか》すいた——
あらあら
ほら、このプリント懐かしくないー?
あなたも大好きだったでしょー? ポテトタコ
息子
何これ古《こ》文《もん》書《じょ》!?
息子

はぁ〜♡
なんと
もともとは学校給食人気メニュー
それをきくち家風《けふう》にちょいとアレンジしました
まずは材料です♡
ジャガイモ12〜13ヶ
つなぎに生卵2ヶ、片栗粉
しょうゆ
塩
片栗粉
ゆでダコの足3〜4本
付け合わせに本日はししとう
長ネギ2本
調味料に塩、コショウに醤油
まずはタワシでジャガイモを洗います
じゃあああ
蒸籠《せいろ》にジャガイモを並べて
ジャガイモが柔らかくなるまで蒸《ふ》かします
時間は25分くらいかしら

その間に他の材料の下拵《したごしら》え
ネギ2本は粗《あら》くみじん切り
タコは足を切り分けて
だん
歯ごたえが残るくらいの大きさに
ぶつ
やっぱり粗みじん
フライパンを火にかけて、サラダ油
火は強火で構いません
最初はタコから炒めます
炒めてるとタコから水が出てきますが
構いません、それも大事なタコの出汁《だし》です
火が通ったら汁ごとボウルにあけて
フライパンをきれいにして、火にかけて油

ネギみじん切り 投入
しっかりしっかり 炒めたところで
タコと汁を 戻します
ネギとタコを しっかり混ぜたら
塩
醤油
コショウ
濃いめに下味を つけたところで 火を止めて――
芋《いも》に竹串《たけぐし》が 通りました
ジャガイモの 蒸かし完了 しました

ふすっ
あっちっち
フォークで刺して、皮をむきます
あっちっちっ
皮がむけました
まずはフォークでざっくり芋を潰しまして
お次はしゃもじでしっかりしっかり潰したら
炒めたタコにネギを加えて
しっかりしっかり混ぜ合わせて
つなぎに
片栗粉50ｇ
卵2ヶ
またまた、しっかりしっかりー

きくちさんはやるマンガ家だと信じてましたよ――!!
ひーっ
早《はえ》えなァ手のひら返すのが
美味《うま》そォ!!!
どこが学校給食なんスかー!!?
学校給食、備前《びぜん》の片口《かたくち》で出てこんだろうし
うわっ
箸で持っただけでカリカリ感がハンパなくて
この時点で美味いっス!!!
それを!? このタレはめんつゆ!?
めんつゆに粗びきコショウ!!?
想像つかねー――!!!
はふはふ
はふ
はぐ
あっ

うんっ
うんめっ
衣《ころも》もっちもち!!
中身ホクホク!!
タコとネギがしっかり
香ばしくって
天ぷらとコロッケの
いいとこどり!!!
さらに素材の
持ち味を損なわない
きくち家のめんつゆの
やさしさ!!
そこにきて
粗びきコショウの
香りと歯ごたえが
とたんに大人の
アクセント!!!
そうなの、
それがまた
ビールに
子ども
学校の
給食
メニューで
ビール
SNOOTH
SNOOTH

いえあああ
マジスか――!?
学校給食 めちゃくちゃ美味いじゃないスか――
もともとは タコもそんな たくさんじゃなくて、ベーコンが入ってたり
ベーコン
食べる時も おかかとソース だったり
それはそれで とても美味しいん だけど
そこを具は ネギとタコだけ、そのかわり タコはうんと ぜいたくに 入れて
ソースだと どうしてもタコ焼き もどきだから、コショウとめんつゆ タレにしてみたり
なるほど
きくち家風の なんでしたっけ? ポテトタコッス ね!?
そうえよね
これがまんま 給食だったら そこのガキども将来 全員 大酒飲み だもん――
お客様にも 便利よ――
仕込む時は うんと仕込んで おいて――

あとは天ぷらの要領で
一 小麦粉を氷水で溶いててんぷら液をつくります。
水と小麦粉は1.3対1
二 ポテトタコのタネを小麦粉にまぶして
小麦粉
三 鍋に油を火にかけます、油の温度は170度。
私は手でやっちゃいます
四 タネを天ぷら液にくぐらせて
五 箸で持ってカラリとするまで揚げます。
揚げ時間は4分くらい
六 付け合わせのしし唐も同様に
揚げ時間は2分。
油を切って盛りつけて完成!!

備前焼スか!? 器も立派だと とても学校給食に 見えないっスね
背景に ビール描いてる し――

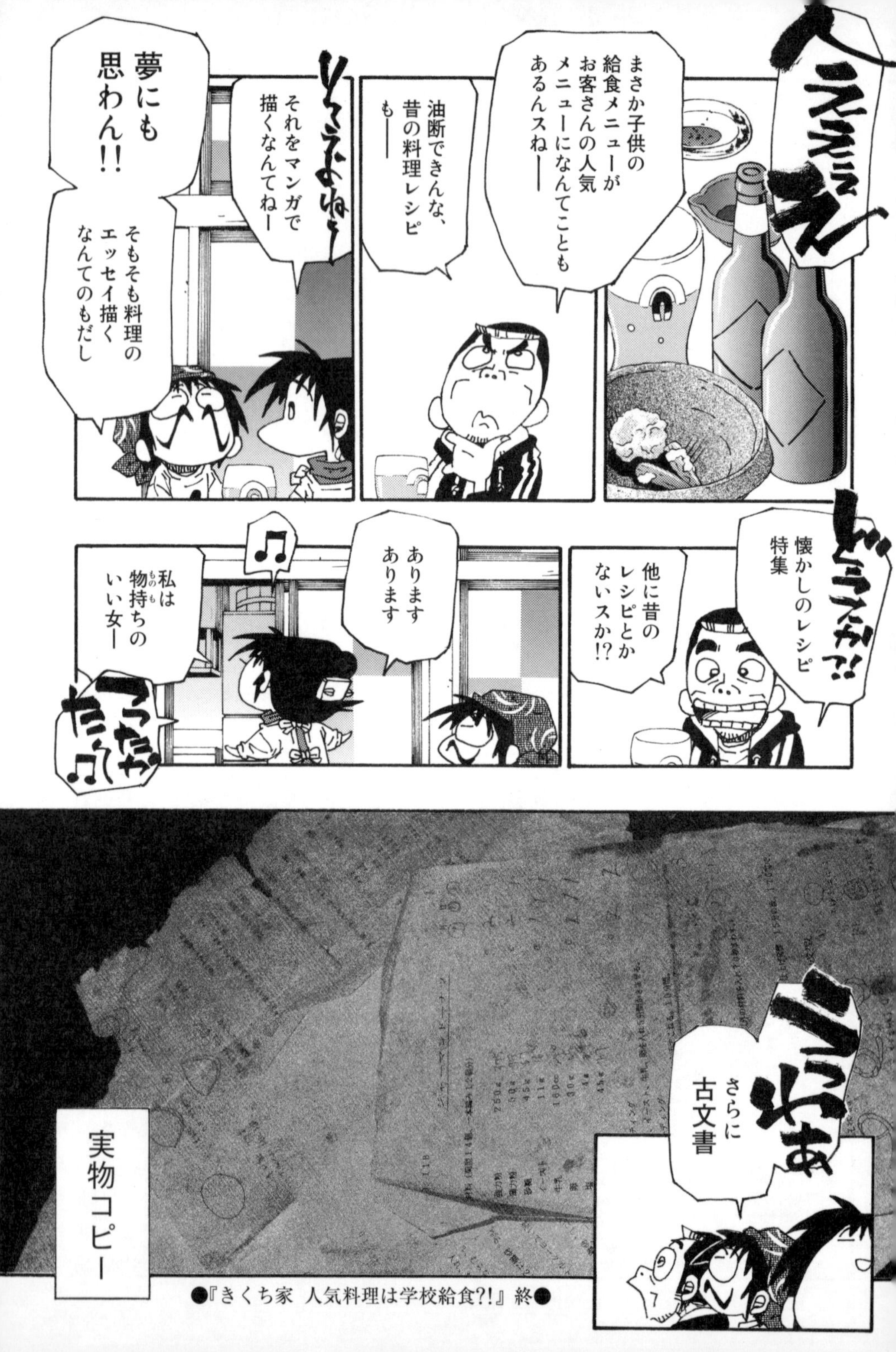
まさか子供の給食メニューがお客さんの人気メニューになんてこともあるんスね——
油断できんな、昔の料理レシピも——
それをマンガで描くなんてねー
夢にも思わん!!
そもそも料理のエッセイ描くなんてのもだし
懐かしのレシピ特集
他に昔のレシピとかないスか!?
ありますあります
♫
私は物持《ものも》ちのいい女ー
さらに古文書
実物コピー

●『きくち家 人気料理は学校給食?!』終●

きくち家・夏もおしまい・
茄子でおもてナス。
BEER
第四十八話

厚削《あつけず》りの鰹節《かつおぶし》に 宗田節《そうだがつお》、それに出汁昆布《だしこんぶ》
ちゅんちゅん
水を張った鍋に入れて
火を点《つ》けまして
ぼっ
煮たったらアクを掬《すく》って
弱火でコトコト20分
出汁がこんなに
普段の味噌汁には多すぎるわね
何を拵《こさ》えるんです？おとうさん

半分は朝メシの味噌汁用
もう半分は今夜、高松《たかまつ》君と打ち合わせがあるから
昨日、駅前のマルシェで茄子《なす》がうんと安くて物も良かったから
いつもより少々 丁寧《ていねい》におばんざいでもと思ってな
あとは
普通の油揚げでもいいけど、ちょいと奮発《ふんぱつ》して新潟《にいがた》特産の栃尾揚《とちおあ》げ
それに生姜《しょうが》
茄子はヘタをとって
ピーラーで薄く皮を剥《む》いて
茄子の大きさにもよるけど、半分を4等分くらいに切り揃えて
水に浸《ひた》してアクを抜きます
お揚げさんは熱湯で2〜3分煮たてて油抜きしたら
ザルに揚げて水気を切ります

それをざっくりと16等分
鍋の出汁を半分は今朝の味噌汁用に取り分けて
味噌汁用と取り分けるのは？
まあ、見てなさい
残った出汁の火を強めて
出汁が沸《わ》いたところに鰹節を
わああああ
すごいっ!!
ぜいたくー!!
そうなんだよ
日常の味噌汁にこんなたくさん鰹節 使ったらバチがあたる
——で火を止めて
アクを取りつつ、鰹節が沈むのを待って
ザルで濾《こ》して——
味付けは塩で8割、淡口《うすくち》醤油で2割
濃い目の吸《す》い地《じ》くらいのイメージで
うすくち

味見して みましょう、 おかあさん
すっ
鰹節はやっぱり 指宿山川産《いぶすきやまかわさん》 だなや
味付けした 出汁に
茄子を入れて 2分半
お揚げさんを 入れて2分半
計5分 煮込みます
生姜を すりおろし て——
茄子と お揚げさんが 煮えたところ に——
生姜の絞り汁を 入れて——
冷めたら 密閉容器に 移して
冷蔵庫で きいんと 冷やして いただきます

ささっ!!
お次!!
先週仕込んだ小茄子のもち米漬け、どうなってますかね
仕事場の冷蔵庫ね、持ってきます
んしょっと
どん
どれどれ――
どん
味見してみましょう
♪
まわりのごはんを軽く洗って
きゃああ♡
茄子の色がいいこと――
ぱりっ
食感ぱりふわ♡
この甘塩《あまじょ》っぱさに茄子の風味が際立《きわだ》ちます

はい♡
お茶うけにもごはんにもぴったり、小茄子のもち米漬け
小茄子が出回る時季に
一 材料 準備するもの
小茄子 1キロ。
普通に炊いたもち米 1合
炊飯器でかまいません
砂糖120g
塩60g
みょうばん少々
砂糖
塩
みょうばん
二 冷めたもち米に砂糖、塩を入れてよく混ぜる
とろみがつくまで!!
三 小茄子はヘタを取って水洗い。
四 水洗いした小茄子にみょうばんをよくまぶします
五 漬物容器にビニール袋、
ごはんを敷いて茄子を並べてを繰りかえす。
六 ビニール袋を縛っておもしをして
七 冷暗所か冷蔵庫で3日くらいから食べられます。
もち米の漬け床は茄子以外にも胡瓜《きゅうり》、人参《にんじん》、大根
いろんな野菜が美味しくいただけます、冷蔵庫で保存もきいて重宝しますよ
砂糖、塩の加減いろいろ試してみてください

次は
おかあさん
お願いします
茄子とも相性
ばっちり
食用菊《しょくようぎく》!!
まずは
花びらを
むしりまして
――
お湯を沸かして
お酢を少々
酢
むしった花びら
投入
箸《はし》で
浮いてる
花びらを
沈めたら、
即《そく》
ザルに
あげて――
すぐに
冷水でとって
黄色が
鮮やかだことー♡
お次は加減酢《かげんず》
鍋に水と
お酢と味醂《みりん》を
4対4対2に、
淡口醤油少々を
火にかけて
沸かします
うすくち
みりん
酢
粗熱《あらねつ》が
取れたところに
レモンでも
カボスでも
柑橘類《かんきつるい》を
絞り入れると
さっぱり感が
アップします

お次
食用菊を水からあげて
ざあっ
ペーパーで水気を切って
ボウルに入れて先程の加減酢をかけ入れて食用菊の仕込み終了
きゃあ
黄色がさらにさらに鮮やかー♡
おとうさんに髙松さんが絶対好きなやつ――
黄色大好き野郎
ぴんぽ〜ん
こんばんは――
髙松でーす
は〜い
茄子!!?

もしもし
とうちゃんでーーす
今夜は遅くなるって、かあちゃんに言っといて
食う気、飲む気、満々だな
んじゃあ
始めます
きくち家《け》の茄子料理
まずはビールにぴったり
茄子の油焼き大根おろしドカ盛りー!!
まずは茄子をタテ半分に切って
皮目に斜めの切れ目を入れます
こんな感じ
それを大きめのひと口大に切って
水につけてアクを抜きます
ピーマンもざっくりひと口大

フライパンを
火にかけて
サラダ油、ゴマ油
半々ずつの
合わせ油を用意
して
ラダ油
ごま油
合わせ油を
大さじ1
そこに茄子
投入
油大さじ1で
足ります？
茄子って
けっこう油
使いますよね
そう
一度にたくさん
油入れちゃうと
際限《さいげん》なく
吸っちゃうから
茄子は
大さじ1を
2回くらいに
分けて入れる
ようにしてる
茄子の表面が
しんなりして
きたら
フタをして
火は弱火に
1分蒸らし
おかあさん、
生姜に
大根おろしは
大丈夫でーす！
1分経《た》ちました
火を強めて
ピーマン

炒めること1分、ピーマンはレアに歯応えを残して
じゃーじゅーっ
皿に盛りつけたら食用菊の酢漬けを添えて
おろし生姜に大根は気前《きまえ》よく山盛りで——

うわ
大根おろしに生姜が
すげええ
都会のお店じゃ絶対ないわよね
これに匹敵するのは讃岐《さぬき》のうどん屋ぐらいだな
よおおし
では!!
茄子!!
大根おろし
生姜
食用菊の酢漬け
お醤油をちょん
いただきまーす♡

とうちゃん
今夜は うんと遅くなるって、 かあちゃんに
いやいや
めっちゃシンプル なのに
めちゃめちゃ 美味《うま》いっス ねーー!!
茄子食ってる 感ハンパない っスーー!!
大根、生姜に 食用菊の酢漬け
薬味がまた 茄子を引き立て てーー
それに色がまた 茄子紺《なすこん》!! 菊の花の山吹色《やまぶき》!! ピーマンの緑!!
映《ば》えること 映《ば》えること!!
ビジュアル だけで ビールが

ビールも頃合い、朝仕込んだ炊き合わせの仕上げしてくるわ
じゃあ 私はお酒の仕度しますね

茄子料理 二品目、茄子と栃尾揚げの冷製炊き合わせ
これぞ和食!! ビールもいいけど やっぱり冷たい日本酒よねー—
透《す》き通《とお》る ような 翡翠《ひすい》色ー!!
ビジュアルも 涼《すず》し気《げ》で いいっスねー!!
いただき まーす
ぱくっ
じゅわあ
ずしっ
油揚げ!!
出汁で油揚げが 重てー—
じゅわああ
うん、とうちゃん
今夜は夜中だな そう、かあちゃんに
美味《うめ》えええ
茄子も油揚げも たっぷり出汁を 含んで——しかも その出汁が 濃《こ》!!

そうなのよネ
昆布と厚削り節でベースの出汁をとって、そこに花鰹をぜいたくに
どばあ!!
茄子も揚げも出汁を含んでなんぼスから
それにこの柑橘はスダチスかね
青柚子《あおゆず》？料理屋か!!
これまたぜいたくな清涼感スねー!!
くんくんくんくん
そうなのよネ
庭の柚子が毎年たーくさん実をつけるから
お店じゃ柚子っていうと皮の細切りをちょこっと乗せるか
卸《おろ》し金《がね》でおろして振りかけるかだけど
うちはおろして振りかけて、さらにスライスなの——♡
この料理にはビールもいいけど、やっぱり
きーん
と冷えた日本酒を
つぴ〜
きっつい残暑も幸せさ〜〜

たっぷりの大根おろしとさっぱり薬味でいただく油焼きに
リッチな出汁たっぷり、しかも冷製の炊き合わせどちらも主役は茄子!!
ボクも茄子好きスけど、茄子好きにはたまりませんねー
茄子って大人になってその美味しさが分かる野菜の代表選手よね
うちの子供達も小さい頃は逃げ回ってたもんな茄子料理から
お二人はどうだったんス?小さい頃は
私は別に好き嫌いなかったけどおとうさんはね
食卓に上がらないよう祈ってました
嫌いだったんですね?
そうじゃなく
親の意見と茄子《なすび》の花千《せん》にひとつもムダはない
茄子はとにかく獲れるときはむちゃくちゃ獲れるのよ、その時期の農家の食卓なんてすごいのよ
皮をむいて蒸《ふ》かしただけの茄子が大皿に
山!!!
どんな茄子好きだって嫌になるわ!!

●『きくち家、夏もおしまい、茄子でおもてナス。』終●

第四十九話

わい
あらっ あらっ
鮮魚
見てくださいな、おとうさん
わい
今年はイクラが安いわねえ、100g 580円ですって
去年は900円したのにねえ
生すじこ ¥580
♫
本当だ、色もきれいでハリがあって
市場《いちば》と値段もモノも遜色《そんしょく》ないな

おっ!!
塩鮭《しおざけ》のカマも いいと思わんか、おかあさん
大きさの割《わり》には 安いわ――♡
田舎から 令和《れいわ》最初の新米《しんまい》も 届いたばかりだし、おとうさん
いっちょ奮発《ふんぱつ》して やりますか
秋のぜひたく飯《めし》!!
まずは塩鮭の カマにひと手間
塩銀鮭
554
598
塩銀鮭
トレイの中で 浮き出た 水分に脂分
水でさっと 洗い流す
これで鮭の 生臭《なまぐさ》さ、脂臭《あぶらくさ》さが 軽減される
ペーパー タオルで 水分を ふき取って
駅前スーパーの 塩銀鮭《ぎんざけ》は 甘口なので
表面に塩が うっすら残る くらいの塩を ふってやる
Boo

ペーパータオルを
敷いたバットに並べて
ラップをかけて
ラップ
冷蔵庫で
ひと晩
お次は
イクラ!!
仕込み方は
あくまで
きくち家《け》流!!!
まずは、ほぐし!!
人それぞれ
あるだろうけど、
きくち家のほぐし方
参考までに
ボウルにザルを
のっけて40℃の
ぬるま湯で
決して力を入れず
やさしくやさしく、
自然にほぐれる
のだけ、ほぐして
残ったイクラを——

俎板《まないた》に広げて
ここからがきくち家流
私はこれを
わしはこれを使います
じゃん
わしのはパン生地《きじ》を切り分けたり、鍋や皿の汚れをこそげ取ったりのスクレイパー
おかあさんのは
京都《きょうと》のおみやげでいただいた、老舗《しにせ》和菓子屋さんの最中《もなか》
あんこを皮に自分ではさむやつ
最高に美味しいのー♡
その時に使う木製のヘラ!!
それを横に持って、力を入れずに
ちょいちょい
イクラを薄皮からしごき取ります
わしも理屈は同じ
使う道具が違うだけ
Boo
イクラほぐしもいろいろ試行錯誤《しこうさくご》があったわよね
焼網《やきあみ》使ってのウラワザ的なのもやってみたりしたけど
ぐいぐい

あれが結構イクラが破れたりのロスが多くて
最後は結局、薄皮から外《はず》さなくちゃいけないし
それで薄皮から外すのに、何かいい方法はないかってあれこれやってたら
こういうの使ってしごき外すのがロスもとっても少ないし
これで全部やっちゃえばいいんだ
なあんだ♡
ほぐしたイクラを全部ザルにあけます
こういう時にもスクレイパーはとっても便利
水を流しながら浮いてくる汚れ、イクラの皮を掬《すく》い取る
皮なんかは多少残っても出来あがりにはまったく影響なしなので適当に
水を切って——
ボウルにあけて
今日はイクラ2本、薄口醤油《うすくちしょうゆ》をおたまで半分
大さじ2くらいをざっと回しかける
うすくち
これは味付けじゃなくて醤油洗《あら》い
イクラの余分な水気を飛ばす役目
5分 置きましょう

5分 経《た》ち ました
水分を 含んだ醤油を 切りましょう
そしたら 密閉容器に イクラを移して
味付けは 薄口醤油に 糀塩《こうじしお》(塩糀《しおこうじ》)だけ!!
糀塩
うすくち
薄口醤油は おたまにひとつ 弱《じゃく》
大さじ4弱
味を決めるのは 翌日なので、 ここでは 控えめに
そこに糀塩を 小さじ1
糀塩が入ると 醤油とイクラが
とても馴染み やすくなるのと
イクラの皮が 固くならない
これホント!! お試しあれ
しっかり しっかり かき混ぜて
冷蔵庫で ひと晩
ばむっ

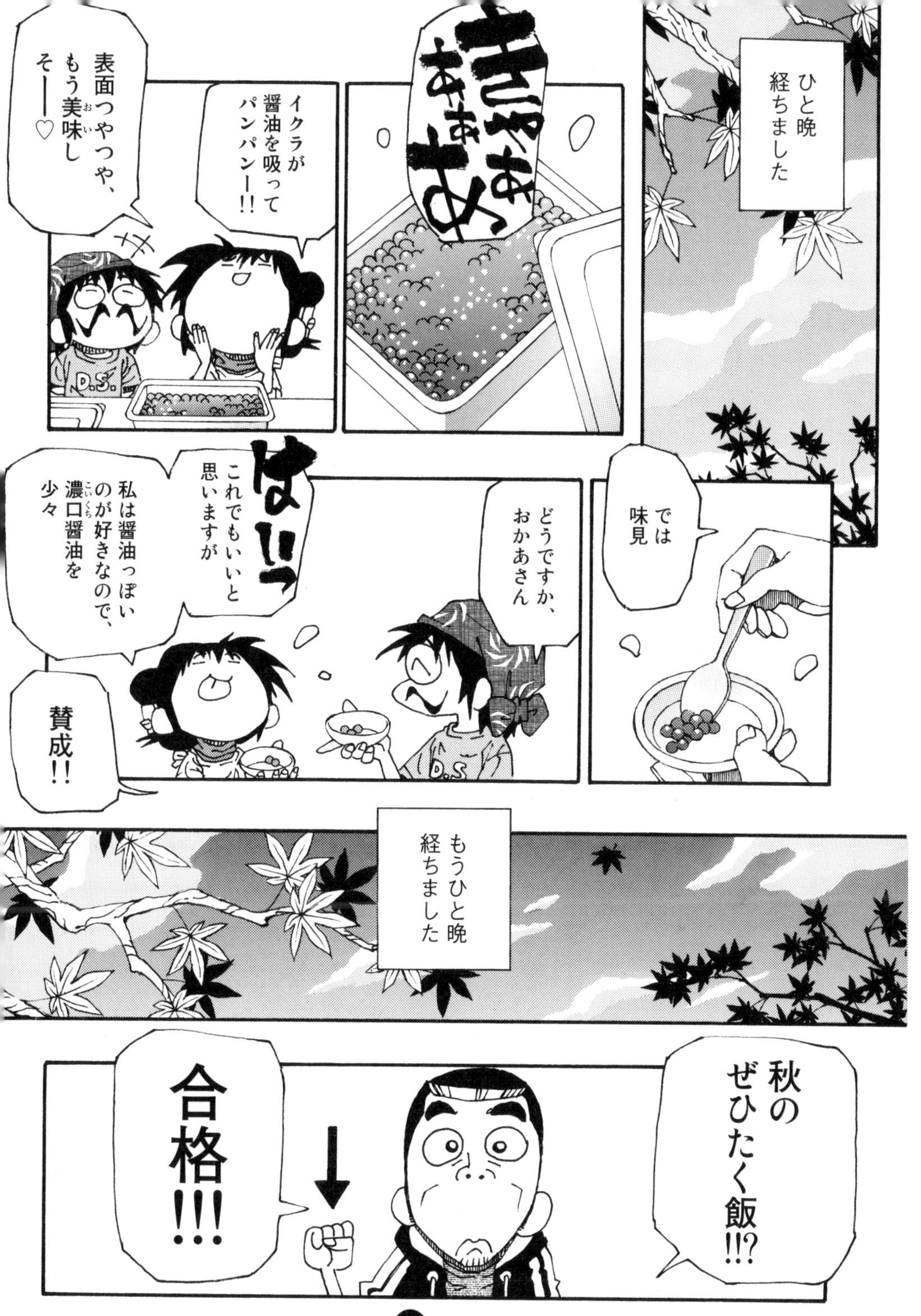
ひと晩経ちました
きゃああああぁぁあ
イクラが醤油を吸ってパンパンー!!
表面つやつや、もう美味《おい》しそー♡
では味見
どうですか、おかあさん
はいっ
これでもいいと思いますが
私は醤油っぽいのが好きなので、濃口《こいくち》醤油を少々
賛成!!
もうひと晩経ちました
秋のぜひたく飯!!?
合格!!!

待っててね
髙松《たかまつ》さん、今
令和最初の
新米を
土鍋で昆布と一緒に
浸《ひた》してるから
合格、合格
えっ?!
昆布!? てことは
炊《た》き込《こ》みメシ系!!?
じゅう
じゅう
塩鮭のカマが
焼けましたよ、
おかあさん
じゅう
じゅう
新米3合に昆布、
こんがり焼いた
鮭カマをのっけて
炊飯スタート、
まずは強火
鮭の炊き
込みメシ――
!!?
ごはんが炊き
あがる間に
姫大根《ひめだいこん》、赤蕪《あかかぶ》、
秋茗荷《あきみょうが》
お新香《しんこ》を
切って

じゅわ～～～
鍋が吹いたら
火を弱火にして
8分から
10分——
ごはんの水加減とか
どんなです?
鮭とか入ると
難しくないスか?
そんなことはない、
うちは白米も
炊き込みごはんも
基本、米と水は
同量
米がちゃんと
していれば、
多少の水加減も
ご愛嬌《あいきょう》
堅《かた》め、柔《やわ》らかめ
それぞれ
美味しいもんだ
お新香
よし
ごはんの
炊きあがりは
音と匂い
鍋の音が
ちりちりに
変わって
鮭の香りに
ごはんのおコゲの
香りが混じって
きたら
くんくんくん
ちり……
ちりちりっ……
そろそろ
頃合《ころあ》い
ああ♡
ドキドキする
瞬間

さぁぁあ
なんだかとってもいいカンジ♡
カマと昆布を取り出して
土鍋はフタをして蒸らし
カマはスプーンを使って
ざっくり身をほぐす
骨が残らないように丁寧《ていねい》に丁寧に
やった
秋鮭《あきざけ》の秋鮭、ゲットー!!
タイのタイってあるじゃない、サイフとかに入れてるとお金がたまるっていう、あれ
ハタハタのハタハタ、スズキのスズキ、ノドグロのノドグロ、いろんなのコレクションしてるのよ
水で洗ってよーく乾かしてー
じゃあああ

ほぐした身を土鍋に戻して
さっくり
しゃもじで返します
んんん♡
ごはんも鮭もつやっつやー♡
お茶碗によそって
なんだか自然に笑顔
あああ
炊きたて新米と焼き鮭の香りが堪《たま》らんス!!
早く食いてーー!!
それじゃあ、もうひとつのメインお願いします
おう
ん?!
塩鮭の他にまだ何か?
イクラー!!!?
そうなの
きくち家の秋のぜひたく飯は——

秋鮭の親子丼♡
あはっ
あはっ
あはは
あはっ
食べる前から絶対美味しいやつだーー!!
いただきま〜す!!
ぱくっ
ガあああぁぁ
ばばばばば

合格
合格
合格
合格
合格
合格
合格
合格
合格
うんま
美味《うんま》ーっ!!!
これはスゴいや!!!
鮭カマの出汁!!
塩味のきいた身肉《みにく》!! 脂!! 香ばしく焼目のついた皮!!
それにイクラ!!
鮭のすべてがここにー!!!
これって、ごはんに調味料 何も足してませんよね
はっ
塩鮭とイクラの味だけ
そのシンプルさ、潔《いさぎよ》さ、新米の味もよりクリア!!
ごはんがめっちゃススむーーー!!!

今日の新米はうちの実家か？それとも時雄《ときお》さん？樽見内《たるみない》？
おとうさんの同級生、英幸《ひでゆき》君ちの
ぱくぱく
なんスか？その多彩すぎる新米の入手経路は？
田舎の知り合いみんな農家だし
どのお米もあきたこまちだけど、獲《と》れた田んぼが違うだけで味も違うのよね
もちろん、どのお米も美味しさは抜群
ぱくぱく
おいしいお米
あきた小町
米袋の文字とイラストがおとうさんっていう、お米もあるわよね
輸出用で国内じゃ入手困難なのが残念だけどな
ぱくぱく
極《きわ》めつけはこのイクラ!!
調味料は醤油ときくちさん家の糀塩がほんのちょい!?
充分です、充分!!!
糀塩
うすくち
市販のイクラはいろいろ入ってるから化学調味料、添加物
日本料理は素材の味を活《い》かす!?
よくも言えたものだわ
それにイクラは冷凍がきくしな
1～2ヶ月はぜんぜん平気、逆に味が熟《な》れて美味しいわよね
ぱくぱく

イクラ、生筋子《なますじこ》が出始めるのが9月頃から
市場、スーパー、魚屋さん
安いのを見かけたら、2～3本その都度《つど》まとめて買って仕込んで冷凍しとくの
時期が終わる11月末、12月アタマには必須《ひっす》のお仕事
必須?
お正月のおせち用
でも、自家製の何がいいって、いちばんは値段♡
市販のイクラじゃ絶対無理だもの
ごはんにイクラが盛り放題なんて
まさに秋のぜひたく飯!!
最高に美味いっス!!!

これってもとはどこの料理なんスか?
東北《とうほく》だと仙台《せんだい》のはらこ飯《めし》とかスかね
ごぞんじはらこめし
もとはどこって聞かれてもはらこ飯は生鮭で醤油味醂《みりん》味《あじ》だし……
それはそれでとても美味しいんだけど
焼いた塩鮭で炊くっていうのは、別に誰かに教わったわけでもないし
鮭とイクラでごはんがまったく見えない。
今回は入手しやすい塩鮭のカマでやったけど
これからが時期の新巻鮭《あらまきざけ》
北海道《ほっかいどう》の山漬《やまづ》け、新潟《にいがた》は村上《むらかみ》の塩引《しおび》き
山形《やまがた》は最上川《もがみがわ》、サクラマスの塩漬けとか
1本丸ごと仕入れて、三枚に卸《おろ》して、そのアラを炭火で焼いて
新米と一緒に炊いてアラの中落《なかお》ちをほぐして――
うっとり…
村上塩引き5kgオーバーウン万円!!
やめてー料理は自前《じまえ》なんだからー
読者ついてこないっス
今は料理のレシピなんてネットですぐに出てくるけど
自分が本当に食べたいなって思った料理のレシピ、ズバリそのものなんてのは、まず
お目にかかったことがないし

結局は自分で考え、拵《こさ》え、試作、試食、試行錯誤を繰り返し
あげく成人病のオンパレード
命削って描いてます…
でも、おかげでこのマンガも5年も続いてるし
おとうさんも昔よりは身体に気を遣うようになったし
というわけで
かこん。
合格…

●『いくら 塩鮭 金木犀 秋のぜひたく飯。』終●

至福

シリーズ
あたりまえのぜひたく。
―いくら 塩鮭 ぜひたく親子丼。―

きくち正太（きくち・しょうた）
秋田県出身。1988年、週刊少年チャンピオン（秋田書店）にてデビュー。代表作『おせん』『おせん　真っ当を受け継ぎ繋ぐ。』（講談社 / モーニング・イブニング）、『きりきり亭のぶら雲先生』『きりきり亭主人』（幻冬舎コミックス）、『瑠璃と料理の王様と』（講談社）など。食や日本の伝統文化、釣りなどを主題にした作品が多く、ガラスペンを使った独自の絵柄にも熱烈なファンが多い。また、キャラクターデザイン、ポスターイラストなども手がける。
近年、ギタリストとして音楽活動開始。Acoustic Instrumental Trio「あらかぷ」で都内ライブハウスに出演中。

［初出］
第四十話～第四十九話
（『デンシバーズ』 2018年10月～12月
『comicブースト』2019.01～03、05、06、09、11）

2019年12月31日　第1刷発行

著　者　きくち正太
発行者　石原正康

発行元　株式会社 幻冬舎コミックス
〒151-0051 東京都渋谷区千駄ヶ谷4-9-7
電　話　03(5411)6431（編集）
発売元　株式会社 幻冬舎
〒151-0051 東京都渋谷区千駄ヶ谷4-9-7
電　話　03(5411)6222（営業）

振　替　00120-8-767643

本文製版所　株式会社 二葉写真製版
印刷・製本所　図書印刷株式会社

検印廃止

ISBN978-4-344-84519-0　C0095　Printed in Japan
幻冬舎コミックスホームページ　http://www.gentosha-comics.net

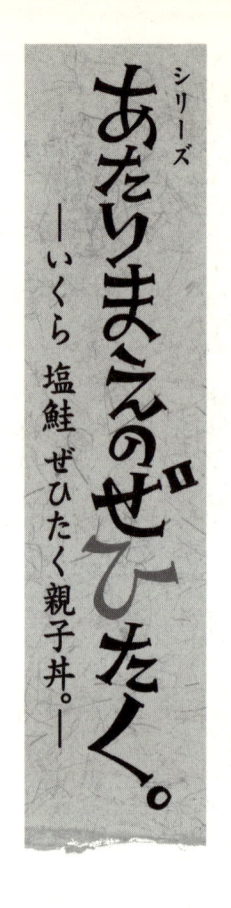